미래의 부자인 _____ 님을 위해

이 책을 드립니다.

수익으로 이어지는
명쾌한 투자 수업
주식 투자의 정석

수익으로 이어지는
명쾌한 투자 수업
주식 투자의 정석

초판 1쇄 인쇄 | 2021년 4월 29일
초판 1쇄 발행 | 2021년 5월 06일

지은이 | 최기운
펴낸이 | 박영욱
펴낸곳 | (주)북오션

편　　집 | 권기우
마케팅 | 최석진
디자인 | 서정희·민영선
SNS마케팅 | 박현빈·박가빈

주　　소 | 서울시 마포구 월드컵로 14길 62
이메일 | bookocean@naver.com
네이버포스트 | post.naver.com/bookocean
전　　화 | 편집문의: 02-325-9172　　영업문의: 02-322-6709
팩　　스 | 02-3143-3964

출판신고번호 | 제2007-000197호

ISBN 978-89-6799-588-1 (03320)

수익으로 이어지는
명쾌한 투자 수업
주식 투자의 정석

주식 투자, 아직 늦지 않았다

최기운 지음

〈10만원으로 시작하는 주식투자〉의 신작

돈이 되는 유튜브 채널 〈쏠쏠TV〉 주식 유튜버

투자의 전설에게 배우는 6가지 성공투자 원칙 수록

📖 북오션

머리말
개인투자자의 성공 투자를 위하여 ★★

'왜 주식 투자를 해야 할까?'라는 질문은 이제 의미가 없다. 제로금리 시대, 은행에 돈을 맡긴다고 해도 돈은 불어나지 않는다. 마치 돼지저금통에 돈을 넣어둔다고 해서 돈이 더 많아지지 않는 것과 같다. 문제는 어디에 투자를 하느냐. 여러 가지 재테크 중 주식 투자는 비교적 적은 돈으로 시작할 수 있는 좋은 투자 대상이다.

주식 투자는 '언제 어떤 종목을 사고, 언제 파느냐'가 가장 중요한 게임의 룰이다. 아주 단순하지만 이 단순함 속에 그 어떤 수학공식보다도 복잡하고 인생살이만큼이나 오묘한 그 무엇인가가 들어 있다.

"내가 사면 주가는 하락하고, 팔면 올라간다. 증시 분위기가 아무리 좋아도 내가 산 종목만 오르지 않는다."

도대체 왜 이러는 것일까? 우리가 주식 투자로 성공하지 못하는 것은 바로 투자 심리를 모르고, 자기관리가 어렵기 때문이다. 주식시장에 가장 큰 영향

4

을 미치는 요소는 바로 인간의 심리다. 개인투자자는 기관이나 외국인에 비해서 이 점이 제일 취약하다. 그래서 언제나 뒤늦게, 반대로 투자해서 피 같은 돈을 날리고 만다.

주식으로 돈을 벌고 싶다면 인간의 심리부터 파악해서 자기만의 투자 마인드를 정립해야 한다. 그리고 그것을 실행할 수 있는 자기관리에 성공해야 한다. 그 다음이 투자기법이다. 주식시장의 원리에 대한 올바른 이해, 건전한 투자철학의 토대 위에 검증된 투자기법이 더해져야 진정한 성공투자의 길로 나아갈 수 있다. 개인투자자가 왜 무모한 투자로 손실을 보는지 제대로 이해하고 이와 반대의 투자 행태를 따라야 한다. 그렇게만 해도 이 시장에서 성공할 확률은 65%에 달한다.

주식 투자는 주가와의 싸움도, 다른 사람과의 싸움도 아니다. 바로 나 자신과의 고독한 싸움인 것이다. 고독하게 시작하는 당신에게 한 줄기 빛과 같은 도움의 손길이 되기를 바란다.

최기운

결국 투자라는 것에 눈을 떠야 한다. 미래에 대한 설계는 저축으로 가능한 것이 아니라 투자로 가능한 것이다. 그런데 투자는 위험하지 않을까 하는 의문이 든다면, 60년 동안 매월 100만 원씩 저축해서 100세가 된 후에나 여유 있는 생활을 시작할 자신이 있는지에 대한 질문부터 먼저 스스로에게 던져 보아야 할 것이다.

01

대한민국은 노인공화국

전쟁의 상흔을 딛고 빠른 시간에 경제발전을 일궈내어 전 세계를 깜짝 놀라게 한 대한민국. 이런 긍정적인 평가의 이면에는 무엇이든지 빨리 해치워 버려야 한다는 강박관념이 우리 사회 전반에 광범위하게 뿌리 박혀 있다. 우리는 뭐가 그리 급한 것인지 항상 기다리지를 못하고 무엇을 하던지 빨리빨리 끝내 버려야 직성이 풀린다.

식당에서는 조금만 음식이 늦게 나와도 빨리 달라고 성화를 하고 공항에서는 비행기가 착륙하기가 무섭게 짐을 꺼내 들고 출입문으로 몰려간다. 자판기에서 커피를 한잔 마실라고 치면 잔에 미처 커피가 다 채워지기도 전에 미리 손으로 자판기의 잔을 부여잡고서는 꺼낼 준비를 한다.

거리에 나서면 규정속도를 지키는 차에게 뒤에서 빨리 가라고 경적을 울려대거나, 신호가 바뀌기가 무섭게 자동차 경주라도 하는 것처럼 달려나가는 일이 비일비재하다. '빨리빨리'라는 말은 외국인에게조차 제일 많이 알려져 있는 한국말이기도 하다.

이처럼 뭐든지 빨리 해치우는 습성이 몸에 익은 탓인지 우리나라는 고령화 사회에 진입하는 속도에도 타의 추종을 불허한다. 세계적인 신기록을 세우면서 엄청난 속도로 늙어가고 있다. 모든 면에서 빠른 대한민국이 남들보다 일찍 늙어가며, 놀라운 속도로 다른 나라들을 제치고 가장 앞서 나가고 있다.

세계 최저의 출산율로 인구 감소를 걱정해야 하는 대한민국의 현실

그런데 신기록을 세우면서 늙어가고 있는 대한민국의 이면에는 또 다른 세계적인 기록이 있다. 바로 세계 최저 수준의 출산율이다.

과거 우리나라는 먹고살 방법은 빈궁하고 부양해야 하는 인구는 많아서 '아들딸 구별 말고 둘만 낳아 잘 기르자!' '둘도 많다 하나만 낳자!'는 산아제한 정책을 시행했다. 그런데 이런 정책이 어느새 세계 최저 수준의 출산율로 인한 인구 감소의 위기 속에 출산장려금과 각종 혜택을 제공해줄 테니 '제발 아이 좀 낳아 달라'는 분위기로 돌아섰다. 다른 나라들이 몇 세대에 걸쳐서 겪은 고령화와 출산율 감소 현상을 대단한 '빨리빨리' 정신으로 불과 한 세대가 지나기도 전에 한꺼번에 겪고 있는 것이다.

빠른 속도로 진행되는 노령화와 저출산은 장기적으로는 생산인구 감소로 인한 경제 규모의 축소위기와, 경제활동인구가 그보다 더 많은 노령인구를 부양해야 하는 부담을 떠안게 된다는 것을 의미한다. 한참 일할 나이인 40대에 이미 명예퇴직을 걱정해야 하는 것이 현실인데 평균 연령은 80세를 넘어섰다. 도대체 무엇을 어떻게 해야 긴 노년을 제대로 살아갈 수 있을까?

쏟아지는 베이비붐 세대와 후속 세대의 명예퇴직에 의한 충격파

베이비붐 세대는 미국의 경우 일반적으로 1946~1964년생, 일본의 경우는 2차 대전 종전 직후인 1947~1949년생을 의미하며, 우리나라의 경우는 한국전쟁 종전 이후인 1955~1963년생을 말한다. 우리나라의 베이비붐 세대는 가난하고 힘들었던 어린 시절을 보내고 정치적으로도 격변의 시기를 겪으면서 우리 사회의 든든한 버팀목으로 열심히 앞만 보고 달려왔다. 또한 한창 일할 나이인 30, 40대에는 IMF 외환위기로 큰 고통을 겪었으며 그 이후로도 하루하루를 살얼음판 같은 생활을 하고 있다.

우리보다 경제력이 훨씬 앞선 미국과 일본의 경우도 베이비붐 세대의 은퇴에 대한 우려의 목소리가 높은데 우리나라의 경우는 두말할 나위가 없다. 그러나 우리 주변의 현실을 돌아보면 상황은 암담하기만 하다. 우선 노후 생활을 위한 대표적인 안전장치인 국민연금의 재원고갈이 우려되고 있다. 우리는 국가·사회적인 시스템이나 개인적인 준비가 부족한 상황에서 대책 없는 고령화와 저출산으로 인한 문제점을 고스란히 안고 있다. 개인은 젊은 나이에 퇴직자가 되어 백수 아닌 백수로 긴 노년의 시간을 살아가야 하는 현실에 내동댕이쳐진다.

거기다 물가 상승률과 금리를 감안하면 실질 소득은 제자리 걸음을 하는데 비해, 부동산과 자녀 교육비 등의 생계비는 무서울 정도로 가파르게 상승한다. 허리를 계속 졸라매도 당장의 생활을 유지하기에 급급하다. 이런 상황에서 늘어난 평균수명과 노령화 사회에서 은퇴 후 안정적인 미래를 위한 준비는 턱없이 부족한 실정이다.

그렇다면 우리는 과연 무엇을 어떻게 해야 당장 살림살이에서 여유를 찾고, 또 한발한발 다가오는 길고 긴 노년을 대비할 수 있을까?

02
정해진 미래,
어떻게 대처할 것인가

최근 인터넷 포털에서 퇴직 후 필요한 노후 자금의 규모는 어느 정도가 적당한지에 대한 설문조사를 실시했다. 응답자 중 32.4%가 퇴직 후에 필요한 노후자금이 10억 원 이상이라고 답했고, 7~10억 원이라는 응답자는 15.4%에 달했다. 응답자의 과반수에 가까운 사람들이 노후대비를 위해서는 최소한 7억 원 이상은 있어야 하는 것으로 생각하고 있다는 결과가 나왔다. 1~3억 원이면 충분하다는 의견은 겨우 10.3%에 불과했다.

그러나 우리의 현실은 어떠한가? 대부분의 경우는 10억 원의 노후자금 마련은 고사하고 당장의 내 집 마련과 자녀 교육비 등으로 하루하루 생활하기에도 빠듯한 형편이다. 이처럼 당장에 필요한 자금 지출에 급급하다가 어느 날 노년이 되면 경제적인 문제에 봉착하게 된다. 이러한 현실은 안타깝게도 65세 이상 가구의 경제 상황에 대한 통계자료를 통해서 얼마든지 확인할 수 있다.

나이를 먹을수록 더욱 심해지는 빈부격차

또한 고령자 가구의 빈곤율이 상대적으로 높고, 그 비중이 계속해서 증가하는 것은 젊어서 축적한 자산은 자녀 양육과 결혼 등으로 지출되고 나이 들어서는 수입이 줄어들기 때문이다. 결국 평균 수명의 증대 덕분에 노후 생활을 즐기는 인구가 늘어나는 것이 아니라 가난한 상태로 오래 살아야 하는 노인들만 양산되고 있는 셈이다. 젊어서 열심히 돈을 벌어서 자녀에게 모두 쏟아부어봐야, 나이 먹고서 스스로 노년을 책임지지 못하면 괴롭고 긴 노후 생활을 해야 하는 상황을 맞닥뜨리고 만다.

예전에는 노후준비라는 개념이 무척이나 낯설었다. 젊어서 열심히 일하다가 정년이 되어 퇴직하면 퇴직금 받고 자녀들의 봉양을 받으면서 짧은 노후를 즐기다 생을 마감하면 되었다. 그러나 이제는 정년 보장은커녕 자녀들 교육시키고 결혼시키기도 벅차다. 그리고 핵가족화와 사회적인 의식 변화로 자신의 모든 것을 다 바쳐서 어렵게 키워준 자식들에게 기대어 노후를 보내는 것도 여의치 않은 시대가 되었다.

결국 젊어서 스스로 미리미리 노후준비를 해야 한다는 것이다. 그렇지만 하루하루 생활하기도 빠듯한데 무슨 돈이 남아돌아서 느긋하게 미래를 내다

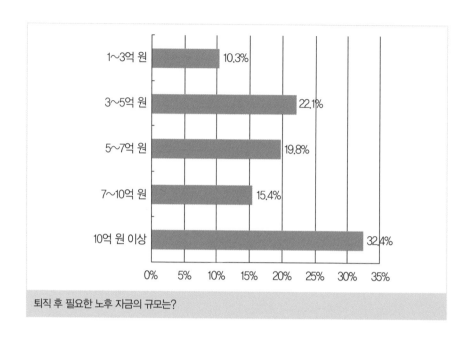

퇴직 후 필요한 노후 자금의 규모는?

보고 노후 설계를 할 수가 있을까? 그래서 위의 통계결과처럼 많은 사람이 아무 대책 없이 노년을 맞이해서 불안하고 힘든 노후생활을 하게 된다.

매월 100만 원씩 저축하면 60년이 지나야 여유가 생긴다고?

그렇다면 이처럼 안타까운 노후를 맞지 않기 위해, 젊어서 열심히 저축하면 되지 않을까? 노후자금 10억 원을 만들기 위해서 매달 100만 원을 노후 설계용으로 저축을 해보면 어떨까?

그렇지만 웬만한 가정에서 매월 100만 원을 별도의 노후 자금용으로 저축을 하기는 매우 힘든 것이 현실이다. 그래도 빈곤한 노후가 아니라 윤택하고 여유 있는 미래를 위해서 어떻게 하던 무리해서 매월 100만 원을 저축한다고 가정할 경우 얼마 만에 10억 원을 만들 수 있을까?

세금 공제 전 정기적금 이자율 1.5%를 적용할 경우, 10억 원을 만들려면 매월 100만 원을 60년 동안 저축해야 한다. 지금 40세인 사람은 100세가 되어야 10억 원이 되는 돈을 만들어서 여유 있게 살 수 있다는 소리이다. 정말로 맥이 탁 풀리고 마는 노릇이 아닐 수 없다.

내 집 마련 자금과 자녀 교육비 등을 감안할 경우 이 시간은 더욱 늘어난다. 별도의 노후 자금을 위한 자금 활용이 여의치 않지만 그래도 빈곤한 노령 가구가 되지 않기 위해서 매월 100만 원의 돈을 무리해서 꾸준히 저축한다고 해도 여유 있고 안정된 노후를 위한 희망 금액인 10억 원을 모으기 위해서는 60년이라는 세월이 걸린다.

암울하지 않고 여유 있는 미래를 위해서는 예금 이자만 믿고 아무리 열심히 저축을 해봐야 결코 답이 나오지 않는다.

문제를 해결하기 위해서는 결국 투자라는 것에 눈을 떠야 한다. 미래에 대한 설계는 저축으로 가능한 것이 아니라 투자로 가능한 것이다. 그런데 투자는 위험하지 않을까 하는 의문이 든다면, 60년 동안 매월 100만 원씩 저축해서 100세가 된 후에나 여유 있는 생활을 시작할 자신이 있는지에 대한 질문부터 먼저 스스로에게 던져 보아야 할 것이다.

03

종잣돈부터 모으라는
뻔한 재테크는 이제 그만!

주부들이 장을 보러 시장에 가기가 두렵다고 한다. 수입은 빠듯한데 실제로 생활에서 느끼는 체감물가는 꾸준하게 상승을 해서 같은 돈으로 장을 볼 경우 갈수록 장바구니가 가벼워지기 때문이다. 어디 그뿐인가? 자녀들에게 들어가는 교육비며 잡비는 왜 그렇게 많은 것인지. 가정에서만 그런 것이 아니라 밖에서 손님을 만나서 식사를 하거나 술 한잔만 해도 몇만 원 정도는 생색도 내지 못하고 사라지고 만다.

우리가 피부로 느끼는 체감물가는 계속해서 상승하고 있는데 반해서 금리는 거꾸로 계속 하락하기에 실질금리가 물가상승률보다 낮은 마이너스 금리 시대에 살고 있다. 아무 생각 없이 은행에 돈을 맡기면 시간이 갈수록 원금이

늘어나기는커녕 물가 상승률을 감안하면 오히려 손해를 보는 믿지 못할 현실
이 우리 앞에서 벌어지고 있는 것이다.

돼지저금통은 단지 보관을 해줄 뿐

이처럼 금리가 낮은 이유로 인해서 수많은 저축성 금융상품들은 0.1~0.2%
의 금리 차이와 기타 부가서비스를 통해 차별화를 꾀하면서 고객들을 유혹하
고 있다. 그러나 이는 이미 목돈을 모아놓은 부자들에게는 꽤 유용한 정보지
만 그렇지 못한 사람에게는 별 효용성이 없다.

이미 10억 원을 가지고 있는 사람에게 있어서 금리 0.1% 차이는 100만 원
의 차이가 나지만, 1천만 원을 기준으로 할 경우에는 1만 원의 차이가 날 뿐
이다. 물론 1만 원이라도 더 받기 위한 노력은 해야 하겠지만 문제의 본질은
0.1%로 해결될 일이 아니라는 점이다. 저금리 시대에 은행에 예금을 맡기는
것은 비효율적이다. 일반인이 1천만 원의 돈을 만들기 위해서는 얼마나 많은
시간과 노력을 해야 하는데, 겨우 1만 원 차이의 이자를 가지고 정해진 미래
에 대비할 수 있을까?

어릴 때 누구나 한 번쯤은 돼지저금통에 용돈을 한푼 두푼 모아본 적이 있
을 것이다. 나중에 돈이 필요해서 돼지저금통을 털면 내가 넣은 돈보다 많은
돈이 들어 있었던가? 돼지저금통은 돈을 불려주는 수단이 아니다. 낭비를 막
기 위해서 잠시 돈을 맡겨두는 금고 역할을 할 뿐이지, 결코 황금 복돼지가
될 수는 없다. 현실이 이런데도 아직도 많은 사람은 은행에 돈을 맡기고 있

다. 마이너스 금리시대에 은행금리로 돈을 불리는 재테크는 결국 밑 빠진 독에 물 붓기가 될 뿐이다.

부동산 투자는 전 재산을 걸고 싸우는 진검 승부의 세계

최근에는 부동산 시장의 폭등으로 인해서 부동산 투자에 관심이 몰리고 있다. 하루가 다르게 치솟는 부동산 시세를 보고 있자면 투자만 하면 떼돈을 벌 것 같은 환상이 우리를 유혹한다. 그렇지만 현실은 어떤가? 생활비도 빠듯하고 대출금 갚기도 힘든데 무슨 돈으로 부동산 투자를 할 수 있을까?

부동산 투자는 이미 모아놓은 목돈으로 자산을 불려가는 재테크 수단이지, 한두 푼 가지고 섣불리 시작할 수 없다. 또한 부동산 투자는 투자 금액의 단

중소기업을 다니다 퇴직한 박모 씨는 퇴직금으로 부동산 투자를 해서 안락한 노후를 보내겠다는 꿈을 안고서 조합 아파트에 투자했다. 그러나 조합원 잔여분을 헐값에 임의 분양해준다는 브로커의 말에 넘어가서 평생을 고생해서 모은 피 같은 퇴직금을 투자했는데, 알고 보니 이들은 실체도 없는 유령 분양사기단이었고 이들이 투자금을 챙겨서 잠적하는 바람에 결국 돈을 몽땅 날려버리고 말았다.

박씨는 전 재산이 오고 가는 살벌한 진검 승부의 세계에 아무런 준비 없이 덜컥 거액의 돈을 가지고 뛰어들었다가 그만 안락한 노후 생활의 꿈을 물거품처럼 날려버리고 만 것이다.

위가 크기 때문에 거의 전 재산을 넣어야 한다. 주식처럼 모의투자 게임을 해볼 수 있는 것도 아니고, 전 재산을 걸고 바로 진검 승부를 해야 하는 살벌한 곳이다.

앞에서 설명한 박씨의 경우처럼 부동산 투자에 대한 경험이나 지식도 없이 덜컥 전 재산을 걸었다가 사기를 당하거나 광고와는 다른 내용으로 인해서 피해를 보는 일이 종종 발생하기도 한다. 준비 안 된 초짜의 돈은 선수들의 좋은 먹잇감이 되어버릴 뿐이다. 그리고 사기를 조심한다고 해도 모두 좋은 수익을 기대할 수 있는 것도 아니다.

주식 투자를 할 때에 종목을 잘 골라야 하는 것처럼, 부동산 투자도 대상을 잘 골라야 한다. 아무 곳이나 사놓고 가격이 올라주기를 바라는 투자를 해서는 좋은 결과를 기대할 수가 없다는 건 마찬가지다.

고용 없는 성장의 경제구조에서 살아남기 위한 몸부림

과거 IMF 외환위기와 오랜 기간 지속돼온 저성장 기조를 통해 우리나라는 모든 면에서 뼈아픈 경험을 하면서 많은 변화를 겪었다. 이제 직장은 나와 내 가족을 먹여살려주는 평생의 보호막이 아니라, 언제라도 쫓겨날 수 있는 살벌한 전쟁터가 되었다. 또한 우리 경제는 이제 고용 없는 성장이라는 시대에 접어들면서 경제는 성장을 해도 일자리는 오히려 줄어드는 상황이 벌어지고 있다.

정부나 기관에서 발표하는 거시경제 수치상으로 우리나라는 박스권에 머

물고 있다. 개인이 느끼는 체감경제는 갈수록 팍팍해져서, 힘든 생업과 불안한 미래를 걱정하며 살아가고 있는 것이 현실이다. 청년실업자와 명예퇴직자가 넘쳐나고 신용불량자와 파산자가 급증하는 상황에서, 우리는 먹고사는 문제를 해결하고 미래의 경제적인 안정을 이루기 위해 하루하루 총성 없는 전쟁터에서 살아남으려 몸부림치고 있다.

회사가 나를 책임져주지 않기에 재테크만이 살길이라는 사회적 분위기가 퍼져나갔다. 온갖 재테크 정보에 열을 올리고 빠듯한 수입을 늘리려 투잡, 쓰리잡에 뛰어들고 있다.

그렇지만 현실은 어떠한가?

은행에 돈을 맡겨봐야 물가상승률에도 미치지 못하는 금리로 인해 오히려 손해를 보는 현실이 답답하기만 하다. 그래서 부동산 투자에 도전하려고 하면 턱도 없이 부족한 자금과 터무니없는 거래 단위에 기가 질려서 주눅이 들고 만다. 암울한 마음에 재테크 정보를 찾아보면 천편일률적으로 "생활습관을 바꾸고 종자돈을 만들어라. 마련한 종자돈으로 돈을 불려라"라는 똑같은 레퍼토리가 반복된다.

물론 이런 말이 잘못된 것은 아니다. 그러나 그 이면을 들여다보면 결국 불가능한 것을 가능하게 하는 기적을 바라거나, 원론적인 이야기의 반복인 경우가 많다. 수입을 모두 저축하고 무조건 허리띠를 졸라매라는 말에 큰맘 먹고 도전하지만 현실적으로 불가능하다. 몰라서 못하는 것이 아니라 알면서도 할 수 없거나 너무 어렵기에 실패하는 것이다.

지금 필요한 것은 현실적으로 가능한 재테크

돈을 모으는 가장 간단한 방법은 수입을 늘리거나, 지출을 줄이거나, 아니면 돈을 많이 불릴 수 있는 투자수익률이 높은 재테크 수단을 활용해야 한다. 갑자기 월급이 오르고 장사가 잘돼서 수입이 몇 배로 늘어나든지, 안 먹고 안 입고 살아야 한다. 결국 현실적으로는 단지 작심삼일로 시도해볼 수 있는 불가능한 도전일 뿐이다.

그렇다면 남은 방법은 돈을 많이 불릴 수 있는 재테크다. 앞에서 설명한 바와 같이 은행 저축은 금리가 낮아 좋은 대안이 되지 못한다. 그렇다고 부동산 투자처럼 처음부터 많은 자금이 필요한 재테크 수단도 현실적인 해결책이 되지 못한다. 그렇다면 소액으로 시작할 수 있으면서 높은 투자수익을 기대할 수 있는 재테크 수단은 무엇일까?

바로 주식 투자다. 주식 투자는 자신의 형편에 맞는 범위 내에서 큰돈 없이 소액으로 조금씩 투자를 시작할 수 있고, 실패한다고 해도 큰 피해가 없는 액수로도 높은 투자수익을 장기적으로 올릴 수 있는 재테크 수단이다.

그런데 많은 사람이 주식 투자는 너무 위험하고 어려울 뿐만 아니라 목돈이 있어야 한다는 편견을 가지고 있다. 게다가 심지어는 주식 투자를 단기간에 대박을 통해서 떼돈을 버는 투기라고 생각하기도 한다. 과거 우리나라의 주식 투자의 역사가 건전하고 장기적인 투자수단으로의 역할보다는 단기적이고 투기적인 분위기였기 때문에 이러한 잘못된 편견이 조성되었다.

이제는 이러한 편견에서 벗어나서 올바른 투자 마인드로 미래를 설계해야 할 때다.

04

주식 투자가 자리 잡힌 선진국형 자산 관리

미국은 1875년부터 확정급여형(연금 금액이 확정되어 있는 형태) 기업 퇴직연금을 시행해오고 있다. 그러나 개별 기업의 재정문제로 인해서 연금을 제대로 지급하지 못하는 사태가 발생하자 이에 대한 해결책으로 확정기여형(적립금 운용실적에 따라 연금 지급액이 변동됨)인 401K를 1982년부터 도입해서 운용하고 있다.

401K라는 이름은 1978년에 근로자 퇴직금 운용자산에 대한 조항이 신설된 미국 내국세법 401조 K항에서 유래했다. 401K에 가입하면 근로자는 소득세 이연(과세를 연기해줌) 혜택과 연간 일정액의 불입금에 대한 소득공제를 받으며 근로자가 불입하는 금액의 일부를 기업이 지원해준다.

401K는 세금감면과 자산 운용의 효율성으로 근로자에게 지급되는 연금액수를 늘려보자는 취지로 시작되었기 때문에 자연스럽게 주식편입비중이 높을 수밖에 없었다. 401K는 1983년 가입 규모가 약 900억 달러였으나, 20여 년 뒤인 2005년에는 이미 2조 달러를 넘어서서 약 20배 이상 증가했다(최근에는 이런 증가세가 다소 둔화되었다).

이렇게 천문학적인 금액이 퇴직연금으로 적립되고 이 돈이 주식시장에 쏟아지자 미국의 경제 호황과 함께 풍부하게 공급된 자금으로 인해 1982년 11월 말 1000선을 돌파했던 다우지수는 1999년 4월 말에 1만 포인트를 넘어섰다. 그리고 2021년 1월에는 3만 포인트를 넘어섰다. 이러한 이유 등으로 미국의 경우는 많은 사람들이 주식 투자를 통해서 자산을 불리는 자산 관리를 당연하게 생각하고 있다.

세계의 경제대통령이 선택한 재테크 수단은 주식 투자

〈주식 투자로 미래의 꿈을 키워가는 빌〉
식품회사에 다니는 빌은 회사에 출근하면 퇴직연금의 운용수익률을 보는 재미로 하루 일과를 시작한다. 401K에 가입한 그는 이렇게 자신의 적립한 연금이 다양한 상품에 투자되어 운용되는 수익률의 변화를 지켜보면서 하루하루 미래에 대한 꿈을 키워가고 있다.

세계 금융시장에 절대적인 영향력을 행사하며 세계의 경제 대통령이라고도 불리는 미국 연방준비제도이사회(FRB)의 의장이었던 벤 버냉키(Ben Bernanke)는 대학교수 시절에 가입한 미국 교원 퇴직연금(TIAA-CREF)에 자산의 대부분을 투자하고 있다. 이 자산의 상당부분은 주식에 투자되어 있다. 세계의 경제 대통령이 선택한 재테크 수단도 결국은 주식 투자였다. 또한 위의 예에서 데이비드가 자신의 꿈을 이룰 수 있는 것은 퇴직연금 때문이다. 그가 가입한 퇴직연금이 주식 투자 운용수익이 좋아서 그는 기대 이상의 수익으로 여유 있는 노후를 즐길 수 있게 되었기 때문이다.

이와 같이 연방준비제도이사회(FRB)의 의장과 평범한 회사원, 그리고 은퇴한 실버 세대 모두 퇴직연금을 이용한 주식 투자로 자산을 불리고 미래 설계를 하고 있으며, 그 결과로 여유 있는 생활을 즐기고 있다.

수백 년의 투자 전통을 이어오고 있는 유럽

유럽에는 이미 1602년 네덜란드의 암스테르담에 세계 최초의 증권거래소가 설립되었다. 당시 네덜란드는 외국으로부터 막대한 부가 밀려들어오면서 엄청난 부를 축적하던 시기였다. 이러한 부를 동원해서 사람들은 튤립을 가지고 고상함과 부를 자랑하고자 하는 유행이 번져 나가기 시작했다. 그러다 순식간에 튤립 가격이 폭등해서 당시 일반 서민층의 1년 생계비보다 비싸게 거래되었다는 것이다.

이 같은 홍역을 겪으면서 유럽은 신대륙 발견과 산업혁명 등으로 막대한 부가 전 세계에서 계속 쏟아져 들어오면서 근대적인 의미의 자본주의가 형성되기 이전부터 자산관리와 투자에 대한 개념이 확대되고 정착되었다.

이러한 수백 년을 이어온 자산관리와 투자에 대한 정서가 대대로 내려오면서 유럽은 자연스럽게 금융의 중심지가 될 수 있었다. 우리나라 사람들이 은행예금에 넣어두었다가 필요하면 빼내 쓰는 것처럼 유럽 사람들은 돈이 생기면 습관적으로 펀드 등을 통해서 투자를 하고는 필요할 경우 빼내 쓴다. 어디에 얼마를 투자할지 고민하지 않아도 투자 상담사가 알아서 투자자의 성향과 요구에 맞는 투자상품과 펀드 등에 분산해서 투자하고 관리해준다.

미국과 유럽 등의 선진국 사례에서 살펴본 바와 같이 우리도 이제는 재테크와 주식 투자에 대한 마인드를 새롭게 하는 노력이 필요한 시점이다.

05

개인과 연기금의 투자가 이룬
금융 신화

　미국의 다우지수는 1960년대 이후 1970년대까지 여러 번 1000포인트를 돌파하기도 하였으나 이내 주저 앉으면서 1980년대 초반까지 다람쥐 쳇바퀴 돌듯이 1000포인트 전후에서 지루하게 박스권을 형성하면서 오르내렸다. 한편 우리나라의 증시 역시 미국 증시와 약 20년의 시차를 두고서 1980년대부터 2004년까지 상승을 하는가 싶으면 이내 그 기대에 찬물을 끼얹으며 하락해서 미국 증시의 움직임과 비슷하게 오랜 기간 500~1000포인트의 박스권에 머물면서 정체 상태를 유지했다.

　이처럼 1000포인트에 제대로 안착하지 못하고 박스권을 형성하던 미국 증시는 1980년대 초부터 가계의 금융자산 비율이 빠르게 증가하면서 변화의 조

짐을 보이기 시작한다. 주식형 펀드 상품의 잔고가 1982년에 412억 달러였던 것이 1984년 말에는 800억 달러에 육박하면서 불과 2년 사이에 두 배로 늘어나더니 이러한 추세가 지속되기 시작했다. 직·간접투자가 활성화되자 증시는 풍부한 자금 유동성으로 인해 탄력을 받아서 1000포인트의 박스권을 돌파하고 지속적인 상승을 하기 시작해서 1990년대 후반부터 대망의 1만 포인트 시대를 열게 되었다.

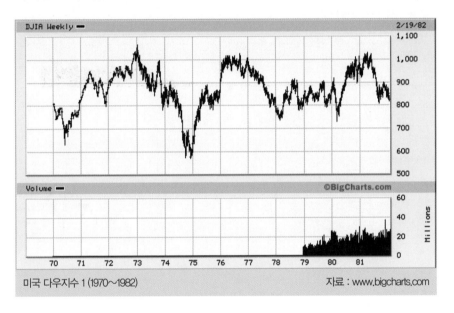

미국 다우지수 1 (1970~1982)　　　　　　　　　자료 : www.bigcharts.com

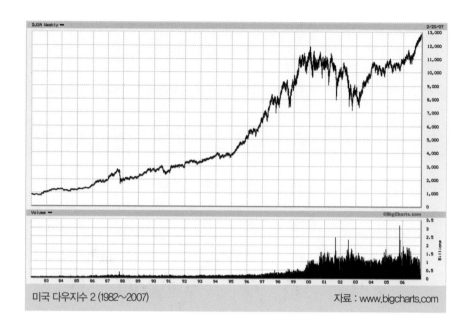

미국 다우지수 2 (1982~2007)   자료 : www.bigcharts.com

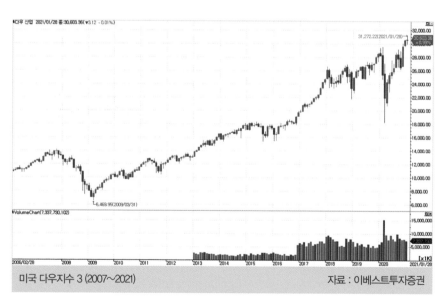

미국 다우지수 3 (2007~2021)   자료 : 이베스트투자증권

미국 주식은 왜 우상향할까?

그런데 도대체 어떤 요인이 이와 같은 미국 증시 성장의 견인차 역할을 했을까?

가장 주요한 이유 중의 하나는 증시의 기초 체력을 지탱해주는 개인의 투자 마인드 변화로 상당한 규모의 가계 자금이 증시로 유입되었다는 것이다. 그렇다면 이러한 개인들의 투자 마인드 변화의 요인은 무엇일까? 그것은 앞에서 언급한 퇴직연금제 401K의 시행이 가장 주요한 원인이라고 할 수 있다. 1982년부터 도입되기 시작한 401K로 인해서 엄청난 자금이 적립되기 시작했고, 이 자금의 상당수가 고스란히 증시로 유입이 되면서 미국의 다우지수는 오랜 박스권에서 벗어나 고공상승을 위한 기초를 다질 수 있게 되었다.

금리는 저금리 시대에 접어들고 평균 수명은 늘어나는 고령화 사회에서 은행 예금만으로는 노후 생활에 대한 기대를 하기가 힘들어지는 상황에서 시작된 퇴직연금제 401K가 투자 상품에 대한 저변 확대에 불을 지피는 역할을 했다.

이렇게 기초체력을 다진 미국 증시는 경제 호황과 IT 산업의 열풍으로 인해서 1990년대 후반 드디어 1만 포인트를 돌파하게 된다. 그렇게 1만 포인트 시대를 연 미국 다우지수는 그 후 IT 거품이 꺼지면서 다소 주춤하기는 했지만 다시 전열을 가다듬고는 2007년에는 1만3000포인트대를 유지했다. 그 이후 꾸준한 상승세를 이어가던 지수는 금융위기와 팬데믹 등을 겪으면서 급락하기도 했지만 이내 다시 회복한 후 고점을 더 높여서 2021년 1월 기준 3만 포인트를 넘고 있다.

우리보다 앞서 증시상승의 기반을 다지기 시작한 미국의 경우 이제 주식 투자는 남녀노소 누구에게나 일상이 되었다.

오랜 박스권을 뚫고 3000을 돌파한 코스피

우리나라도 개인들의 적극적인 투자가 활성화되면서 지수상승을 견인하고 있다. 우리나라의 경우 원하든 원하지 않든 미국 경제에 많은 영향을 받고 있으며 미국과 비슷한 길을 따라가기도 한다.

미국은 저금리, 고령화 사회, 노후생활에 대한 불안 등을 극복하는 방법의 하나로 선택한 퇴직연금제 401K 시행이 투자 활성화로 이어져 증시의 고공행진 시대를 열었다. 여러 가지 변수와 위험요소는 있지만 다소간의 진통을 겪고 우리 증시도 체질개선을 통해 미국과 비슷하게 고공행진을 할 확률은 훨씬 높아질 것이다.

시차를 두고 미국의 박스권 증시와 비슷한 움직임을 보인 우리나라 증시도 미국 다우지수처럼 고공행진을 해서 현재의 3000포인트를 뛰어넘을 날을 기대해 본다.

한국 코스피 지수 1 (1988~2005)   자료 : 대신증권

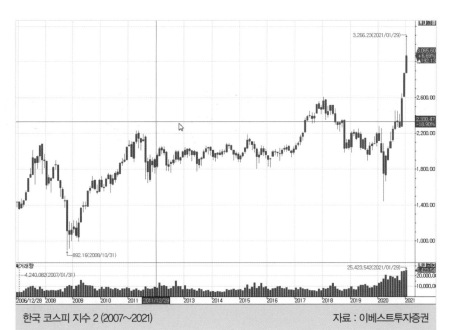

한국 코스피 지수 2 (2007~2021)   자료 : 이베스트투자증권

증권시장은 기업 입장에서는 기업의 자금 조달을 위한 창구이자 투자자에
게는 국가 경제에 이바지하면서 자신의 자산도 불릴 수 있는 건전한 투자수
단이다. 그러나 우리나라 증시는 이러한 주식시장 본연의 기능에 먹칠을 하
는 사건 사고가 비일비재하게 터지는 과정을 겪어왔다.

제2강

주식 투자,
과거를 알아야 미래가 보인다

대한민국 증시 65년,
우리 증시는 어떻게 흘러왔나?

여의도는 금융 기관과 회사들이 몰려 있어서 증권의 메카로 알려져 있다. 그렇다면 언제부터 이러한 이미지가 형성이 된 것일까?

원래 명동에 있던 증권거래소는 일제시대인 1922년에 경성주식현물거래시장 ⇨ 조선거래소 ⇨ 조선증권거래소 ⇨ 대한증권거래소 ⇨ 한국증권거래소 시대를 거친 뒤 1979년에 여의도로 이전을 하게 되어 오늘날의 여의도 증권 타운을 형성하게 된다.

1956년, 12개 법인으로 시작한 대한민국 증시

해방 이후 우리 스스로 증권거래소를 개설하려는 움직임이 있었으나 곧이어 발발한 한국전쟁 때문에 실현되지 못하다가, 1956년 대한증권거래소가 설립되었다.

개장 첫날에는 조흥은행을 비롯한 4개의 은행, 대한해운공사를 비롯한 6개의 일반법인, 정책적으로 상장된 대한증권거래소 등을 포함해서 모두 12개의 법인이 최초로 상장되었다.

오늘날 코스피와 코스닥을 합해 2400여 개가 넘는 기업이 상장되어 있는 것에 비하면 그 시작은 꽤나 조촐한 셈이었다. 그러나 아쉽게도 최초에 상장되었던 12개 기업 중에서 현재까지 그 당시 상호를 그대로 유지하고 있는 곳은 단 한 곳도 없다. 우리나라 증시 상장번호 1번 종목이었던 조흥은행은 신한은행에 합병되어 2004년에 상장폐지되는 등 10개 법인이 상장폐지되었다. 현재까지 상장을 유지하고 있는 기업은 대한해운공사(한진해운으로 변경), 경성방직(경방으로 변경) 등 2개 법인이 상호가 변경되어 그 명맥을 유지하고 있다. 우리나라 최초로 증시에 상장되어 증시 역사의 산 증인 역할을 한 증시 원년 멤버들이 65년 세월이 흐르면서 대다수가 퇴출되었다.

1956년 대한증권거래소 출범과 함께 최초 상장된 12개 법인의 현주소

구분	당시 법인 명	현재 상황	비고
은행	상업은행	상업은행과 한일은행이 합병되어 한빛은행이 되었다가 우리은행으로 변경	2002년 상장폐지
	흥업은행 (한일은행의 전신)		
	조흥은행	신한은행에 합병	2004년 상장폐지
	저축은행 (제일은행의 전신)	SC(Standard Chartered)금융그룹에 인수되어 SC제일은행이 됨	2005년 상장폐지
일반 법인	대한해운공사	한진그룹에 인수되어 한진해운으로 상호 변경되었다가 폐업	2017년 상장폐지
	대한조선공사	한진그룹에 인수되어 한진중공업으로 상호 변경	1990년 상호변경
	경성전기	한국전력주식회사(한전)로 통합	1961년 상장폐지
	남선전기		
	조선운수	한국미곡창고(대한통운의 전신)에 합병	1962년 상장폐지
	경성방직	경방으로 상호 변경	1970년 상호변경
기타	대한증권거래소	정책적으로 상장되었다가 이후 상장폐지	1974년 상장폐지
	한국연합증권금융		

자료 : 한국거래소

1960~70년대 산업화로 인한 격변의 시기

이렇게 조촐하게 출발한 우리나라의 증시는 1960년대 후반부터 시행된 본격적인 증권시장 육성정책에 힘입어 1970년대에 들어서면서부터 상승하기 시작한다. 1971년에는 연간 39%의 주가 상승률을 나타냈으며 1972년에는 127%나 급등하기도 했다. 그러나 1973년 말 중동전쟁을 계기로 배럴당 3달러선인 석유값이 순식간에 11달러를 넘어가는 석유파동을 겪으면서 발생한 세계적인 경기침체의 여파로 우리나라의 증시도 타격을 받아 주가 폭락사태를 맞이하기도 했다.

그 후 중동 건설 붐으로 건설업종을 중심으로 우리 증시는 다시 탄력을 받아서 상승하기 시작해서 1975년 이래 지속적인 상승세를 이어갔다. 건설업종의 종목들은 한때 전체 주식 거래대금의 20%가 넘으면서 주식거래는 곧 건설주 거래라는 등식이 성립하기도 했다. 그래서 당시 증권거래소 주변의 개들은 입에 뼈다귀 대신에 건설주식을 물고 돌아다닌다는 우스갯소리가 나돌기도 했다.

아무튼 이러한 중동 특수로 인해서 1978년 8월에는 코스피 지수가 228.8포인트를 기록하면서 1970년대 최고치를 기록했다. 그러나 그 후 2차 석유파동에 의한 여파와 10 · 26 사태, 12 · 12 사태를 겪으면서 주가는 끝없는 하락을 하고 만다.

이렇듯 주가가 상승과 하락을 하면서 투자자들의 마음을 웃겼다 울렸다 했지만 증권시장은 나름대로 우리나라 경제에 큰 기여를 했다. 증시를 통한 자금 조달 실적이 1976년의 경우 약 2천억 원대에 머무른 데 비해, 1979년에는 8천억 원이 넘으면서 대폭 증가했다. 이 기간에 우리나라 증시는 이처럼 양적이나 질적으로 많이 성장해서 우리나라 경제 발전을 위한 투자 재원의 조달 기능이라는 본연의 임무에 크게 기여하게 된다.

1968~1975년 증권 시장 현황

구분	상장회사 수 (사)	주주 수 (명)	상장자본금 (백만원)	상장주식 시가총액 (백만원)	거래량 (천주)	증시자금 조달 (백만원)
1968년	34	39,986	96.585	64,323	76,342	9,247
1969년	42	54,318	119,902	86,568	98,464	6,099
1970년	48	76,276	134,292	97,923	79,174	7,151
1971년	50	81,913	141,357	108,706	50,523	2,940
1972년	66	103,266	174,339	245,981	84,689	24,741
1973년	104	199,999	251,620	426,247	130,066	54,548
1974년	128	188,613	381,344	532,825	157,419	74,287
1975년	189	290,678	643,415	916,054	310,547	156,255
1976년	274	568,105	1,153,325	1,436,074	591,776	262,225

자료: 한국거래소

예전에는 증권사 객장에 가면 커다란 전광판에 실시간으로 주식 종목의 주가 등락이 표시되는 것을 볼 수 있었다. 그리고 지금은 집이나 사무실의 PC뿐만 아니라 휴대폰으로 언제 어디서나 온라인 거래를 하는 것이 당연한 세상이다.

하지만 1970년대까지 증권 거래소의 시세를 표시하는 방법은 매매체결 담당자가 시세 게시판 담당자에게 체결가격을 알려주면 일일이 백묵으로 칠판에 적는 식이었다. 그래서 이러한 전근대적인 방식을 개선하기 위한 전산화의 필요성이 대두되기 시작했다. 1975년 2월에 한국과학기술연구소(KIST)의 메인 컴퓨터에 단말기를 연결하여 매매에 필요한 주요 계산업무를 전산화해서 증시 전산화의 첫 발을 내딛게 된다. 그 후 증권업무 전산화를 위해 1977년에 한국증권전산주식회사(2005년에 사명을 코스콤으로 변경)가 설립되어 우리나라 증권 전산화는 비약적으로 발전하게 된다.

1980년대, 주식 대중화의 장을 연 국민주 출현

1979년 10 · 26과 12 · 12, 그리고 1980년 5월 광주민주화운동 등 일련의 정치적 격변과 아울러서 이철희 · 장영자 사건, 명성그룹과 국제그룹 사건, KAL기 피격, 버마 아웅산 폭파 사건 등으로 1980년대를 시작하는 증권시장의 분위기는 싸늘하게 얼어붙었다.

이처럼 암울하기만 했던 우리 경제와 증시는 1985년을 전후하여 국제금리 하락, 달러화 하락, 국제유가 하락 등 이른바 3저 현상을 맞이하여 경제가 활성화되기 시작하면서 증시도 고공행진을 거듭하기 시작한다. 1986년 아시안게임, 1988년 올림픽을 거쳐 1989년까지 4년여 동안 연평균 80%가 넘는 주가 상승을 기록해서, 1989년 3월 31일 코스피는 사상 처음으로 1000를 돌파하는 기염을 토한다.

이러한 증시의 활성화가 가능했던 또 다른 이유는 정부의 주식 대중화를 위한 정책적인 조치도 한몫했다. 정부는 국민주 개발 보급계획을 통해서 1988년 이후 5개년에 걸쳐서 약 5조 원 상당의 주식을 일반에게 매각하는 계획을 확정 발표하고 1988년 4월에 1차로 포항종합제철(현 POSCO)의 주식을 국민주 형태로 매각하여 300만여 명에 달하는 주주를 확보했다. 이후 한국전력공사, 한국통신공사, 국민은행 등이 뒤를 이어서 국민주라는 별명이 붙으며 주식을 매각함에 따라 주식 투자 인구의 저변이 크게 확대되면서 주식 투자가 대중화되기 시작했다.

이처럼 대내적으로는 경제 발전과 국민주 보급 등으로 증시의 기반이 확대되는 한편 대외적으로는 1981년에 자본시장 국제화 장기계획을 발표하고 정부는 증시를 국제화하기 시작한다. 같은 해에 한국투자신탁과 대한투자신탁이 외국인투자자를 대상으로 각각 1500만 달러의 외국인 전용 수익증권을 발매했다. 이를 통해서 우리나라는 국내 최초로 외국인을 대상으로 국내 증권에 대한 간접투자를 허용하기 시작했다.

또한 1985년에는 일정 기준을 충족하는 국내 기업의 해외 증권 발행을 허용했다. 이에 1985년 12월 국내 최초로 삼성전자가 2천만 달러 규모의 해외 전환사채를 유로 달러시장에서 발행하여 룩셈부르크 증권거래소에 상장하기도 했다. 이를 계기로 우리나라의 대표적 기업들은 해외 전환사채의 발행에 적극 가담하게 되어 대우중공업, 유공(현 SK에너지), 금성사(현 LG전자) 등이 해외전환사채를 발행했다.

근대적인 기준에 의한 우리나라 최초의 유가증권은 1897년에 한성은행(구 조흥은행의 전신)이 설립되면서 주식을 발행한 것이 그 시초다. 그 후 일제의 자본이 우리나라에 진출해 1931년에 조선거래소령을 제정하고 경성주식현물 거래시장과 인천미두거래소를 합병해 1932년에 조선거래소를 개설하면서 근 대적 개념의 거래소 시장이 초기 모습을 갖추었다.

이러한 국제화의 일환으로 국내 기업들이 외국 증시에 직접 상장하는 것도 본격화되어 1994년 10월에는 포항제철(현 POSCO)과 한국전력이 뉴욕증권 거래소(NYSE)에 상장되기도 했다.

1990년대, IMF 외환위기와 IT 버블

1993년 8월 12일에는 금융실명제가 전격적으로 실시되었다. 증시는 단기 간에 충격에 빠졌으나 오히려 금융실명제로 인한 긍정적인 효과에 대한 기대 감으로 1994년에는 코스피 지수가 970포인트까지 상승하기도 했다.

그러나 이러한 분위기는 이내 1997년 외환위기라는 초유의 사태를 겪으면 서 우리 증시는 끝없는 하락의 아픔을 겪었다. 그러나 불과 2년이 안 되어 전 세계적으로 불어닥친 IT 산업의 광풍으로 증시는 다시 거침없이 상승했다. 대한민국 증권시장은 불과 몇 년 사이에 냉탕과 온탕을 오가면서 롤러코스터 처럼 걷잡을 수 없는 움직임을 보였다.

이처럼 역동적이지만 골이 깊은 주가 상승과 하락의 반복으로 인해 투자자들이 현기증을 느끼며 주가의 움직임과는 반대로 움직이는 통에 수많은 반짝 대박과 깡통 계좌의 양산이라는 사회적인 문제점을 야기하기도 했다.

1956년 현대적인 의미의 증권거래소가 설립되어 첫 거래가 시작된 이래 우리나라의 증권시장은 위와 같은 우여곡절을 겪으면서 어언 65년이 흘러 2021년을 맞이했다.

묻지마 투자와 작전세력이 만든 공식 도박판

증권시장은 기업 입장에서는 기업의 자금 조달을 위한 창구이자 투자자에게는 국가 경제에 이바지하면서 자신의 자산도 불릴 수 있는 건전한 투자수단이다. 그러나 우리나라 증시는 이러한 주식시장 본연의 기능에 먹칠을 하는 사건 사고가 비일비재하게 터지는 과정을 겪어왔다.

각종 복마전이 난무하고 증권브로커와 작전 세력의 농간과 이에 현혹된 투자자들의 묻지마 투자로 인해서 수많은 사건사고로 점철된 어두운 과거를 가지고 있다.

증권시장을 장기 휴장에 들어가게 만든 5월 파동

1962년에는 증권사의 결제자금 부족으로 증시 업무가 마비되는 초유의 사건이 터졌다. 그 해 5월을 전후해서 증권업자들의 과도한 투기 조장과 이에 편승한 일부 투기꾼들로 인해서 주가가 폭등하고 매수측 증권회사의 결제자금 부족으로 결제가 불가능해서 생긴 사건이다. '5월 증권파동'이라고 불리기도 하는데 이로 인해 증권시장의 기능이 마비되어 증시는 장기 휴장에 들어가고 증권회사는 물론 수많은 투자자들도 엄청난 손실을 입었다. 이 사건 때문에 막 자리잡기 시작한 증권시장의 공신력은 하루아침에 곤두박질치고 경제적 혼란과 사회적인 후유증은 실로 심각한 수준에까지 이르렀다.

주권 위조를 통한 불법 자금 유출 사건

5월 파동 사건 이후 결제 대금 부족으로 증시가 마비되는 사태는 더 이상 발생하지 않았지만 새로운 형태의 문제들이 불거지기 시작했다.

1975년 1월에는 위조범이 모 증권사를 통해서 해태제과공업의 위조된 주권을 매도하고 3일 후에 1억5천여만 원을 수표로 찾아 잠적한 사건이 발생했다. 증권거래소의 결제기구를 거쳐서 거액의 자금을 유출한 것이다. 당시 거래소에 상장된 주식의 시가총액이 9천여억 원, 전체 시가총액의 약 0.16%에 해당하는 금액이다.

이러한 주권위조 사건은 전문 위조범이 아닌 회사 경영진에 의해서도 자주 발생하기도 했다. 한독맥주(1977년에 현 하이트맥주에 인수)의 회사 간부들이 회사의 자금 사정이 악화되자 주권을 위조로 발행하여 이를 담보로 당시로서는 엄청난 금액인 20억 원이 넘는 돈을 부정대출 받는 사건이 발생했다. 또한 1975년 11월에는 신진자동차판매 사장과 증권브로커들이 공모해서 회사의 예비주권을 이용해서 주식을 불법 발행한 사건이 발생했다. 이 사건은 이들이 증거금으로 예탁한 약속어음이 부도 처리되면서 불거진 사건이다. 지금은 상장기업이 주식을 발행할 때에 유가증권의 양식이나 형태가 규정에 의해 통일되어 있지만 1970년대 중반까지만 해도 각 기업이 독자적인 형태로 발행을 했다. 이러한 허점을 노려서 주권 위조, 즉 주식 증서를 위조하는 사건이 수시로 발생했다.

내부자 거래에 의한 부당 이익 챙기기와 주가 조작

유가증권의 표준화 이후에는 주식을 발행하는 단계에서 주권을 위조하는 원초적인 방법에 의한 사고는 사라졌지만 대신에 내부자 거래에 의한 부당한 이익 챙기기와 주가 조작 등이 주요한 이슈로 떠오르기 시작했다.

내부자거래는 회사 내부의 중요한 정보에 접근할 수 있는 위치에 있는 사람이 자신이 입수한 정보를 이용해서 주식거래에서 부당한 이익을 취하는 것을 의미한다. 구체적으로는 회사에서 신기술을 개발하거나 매우 중요한 계약이 성사될 것이라는 정보를 알고는 미리 주식을 사두었다가 정보가 공개되어 주가가 폭등하면 팔아버리는 경우 일반투자자는 피해를 보게 된다.

또 다른 경우는 회사가 상황이 좋지 않아서 도산할 위기에 있으면서도 허위로 기업의 회계 장부를 조작하는 등의 방법으로 주가를 끌어올리고는 자신의 주식을 모두 팔아치운 뒤 회사가 도산해서 일반 투자자들에게 피해를 전가하는 상황이 발생하기도 한다.

이러한 피해를 막기 위해서 우리나라는 관련법을 제정해서 1976년부터 내부자 거래에 대한 규제를 하고 있다. 그러나 사실상 이러한 규제로 내부자 거래를 완벽하게 막을 수는 없기에 미국에서도 내부자 거래에 의한 문제가 심심치 않게 터지고 있으며 우리나라도 마찬가지다.

원칙도 철학도 없는 증권시장의 불나방, 묻지마 투자

한두 해 전만 해도 주식 투자에 대해 좋지 않은 선입견을 지닌 사람이 많았다.

"주식하면 패가망신한다. 주식은 도박이다. 개인투자자는 작전주에 물려 돈을 잃을 수밖에 없는 구조다."

이런 선입견이 생긴 이유는 우리 증시가 겪어온 어두운 면이 있기 때문이다. 바로 증권시장의 불나방, 이른바 '묻지마 투자'다. 1990년대 후반 IT 열풍이 전 세계를 휩쓸던 시절, 특히 1999년의 경우 우리나라는 열풍 아닌 광풍이 증시뿐만 아니라 온 나라를 휘감고 있었다. 이 당시에는 회사명에 ○○테크, △△닷컴 등이 붙기만 하면 하루가 다르게 주가가 올랐다. 심지어는 껍데기밖에 남지 않은 영세·사양 산업의 회사도 IT 기술 관련한 기업처럼 상호만 변경해도 주가가 급등했다.

묻지마 투자란 투자 대상에 대해 잘 알아보지 않고 지인이 추천한 주식 종목이나, 지인이 투자해서 돈을 벌었다는 소문만으로 투자하는 행태를 말한다. 정상적인 투자 행위라고 보기 어려운 묻지마 투자는 이 시기에 큰 사회적 문제가 되었다. 투자자들은 투자에 대한 원칙이나 철학도 없이, 회사에 대한 자세한 내용도 모르고 묻지마 투자를 했다. 묻지마 투자의 여파로 2000년 2월 8일에는 코스닥 시장의 거래대금이 유가증권시장(이하 코스피 시장)을 추월하기도 했다. 미국의 나스닥 시장이 뉴욕증권거래소의 거래대금 추월에 28년이 걸린 데 비해, 우리는 2000년 기준으로 태어난 지 불과 44개월밖에 안 된 코흘리개 코스닥이 45년 관록의 큰 형님인 코스피를 한 방에 앞지른 것이다.

그러나 묻지마 투자의 결과는 참담했다. 시장에서 거품이 빠지기 시작하면서 옥석이 가려지고 묻지마 투자의 대상이 되었던 기업들은 순식간에 시장에서 퇴출되었다. 수십, 수백 배로 부풀려진 주가는 끝없이 하락해서 결국 휴지 조각이 되어버렸다.

특히 코스피에 비해서 IT기업들이 몰려 있던 코스닥의 경우는 그 피해가 이루 말할 수 없을 정도로 심각했다. 2000년 3월 2925(2007년 환산지수를 기준으로 할 경우)으로 최고기록을 세웠던 코스닥 지수는 불과 9개월 만인 같은 해 12월에 525.80으로 무려 1/6 토막이 나고 말았다. 등록된 전 종목이 평균적으로 그 정도였고 거품이 심한 종목들은 수십 분의 1 토막이 나는 경우가 보통이었다.

무리해서 돈을 끌어 대며 묻지마 투자를 했던 수많은 투자자들은 매일 하한가를 기록하는 자신의 주식 종목들을 보면서 새까맣게 속이 타 들어갔다. 이로 인한 가슴 아픈 사연과 사건이 TV와 신문에 넘쳐나는 등 사회적으로도 큰 파장을 일으켰다.

이러한 문제들을 해결하기 위해 전자공시제도가 도입되어 기업에 대한 정보를 투명하고 공정하게 일반투자자에게 제공되고 있다. 또한 기업의 주식 상장 기준과 그 후의 관리에 대한 기준이 엄격해지면서 불법 편법에 의한 피해를 방지하기 위한 노력을 하고 있다.

한편 개인투자자들도 과거의 쓰라린 경험을 통해서 이제는 더 이상 묻지마 투자가 아닌 건전한 자산 증식을 위한 재테크 수단으로 주식에 접근하는 등 투자 마인드의 변화를 꾀하고 있다.

우리나라 증시 역사 65년 동안 묻지마 투자와 작전세력, 각종 복마전과 사건사고가 난무했던 공식 도박판은 이제 그 어두웠던 과거를 뒤로 하고 새로운 변화를 맞이했다.

03

시대상황과 경제를 알아야
투자에 성공한다

연도별 코스피 지수와 업종별 주가지수 비교(1980~2005)

연도	코스피 지수	섬유, 의복	건설업	기계	은행	화학	제조업	음식료품	증권	의약품	전기·전자
1980	106.87	93.63	136.09	125.31	132.31	87.48	93.67	104.15	89.13	87.21	84.5
1981	131.3	107.8	174.7	151.7	158.16	102.8	104	111.6	83.46	111.9	121.86
1982	128.99	107.15	155.46	131.38	142.52	133.81	121.05	137.28	94.16	144.7	132.37
1983	121.21	121.59	95.6	201.72	110.44	129.37	142.22	142.77	105.82	180.13	161.04
1984	142.46	164.37	92.36	214.23	103.44	187.43	181.32	200.84	86	300.16	227.04
1985	163.37	176.1	95.66	280.47	105.31	203.87	223.85	201.98	76.56	305.43	250.7
1986	272.61	353.42	99.46	406.61	127.17	341.35	399.11	274.02	615.01	300.12	552.34
1987	525.11	693.56	221.96	575.39	419.46	563.93	588.39	515.36	1,898.38	565.85	753.83

1988	907.2	721.86	539.37	957.08	982.67	722.68	831.49	592.54	3,839.89	720.44	1,074.97
1989	909.72	761.88	541.91	1,362.01	869.8	836.72	935.21	686.92	3,616.57	940.78	1,317.03
1990	696.11	617.43	409.62	1,095.74	730.18	642.76	720.66	541.71	2,483.33	739.35	1,005.78
1991	610.92	508.79	276.62	1,042.41	666.26	540.34	623.4	484.6	2,212.73	618.49	881.41
1992	678.44	716.49	369.55	880.12	649.13	578.07	680.07	578.98	2,518.79	885.03	903.76
1993	866.18	956.44	458	1,246.47	636.48	688.48	978.69	763.66	2,983.96	1,072.77	1,425.26
1994	1027.37	1,217.32	591.77	1,209.56	645.96	994.96	1,230.57	1,228.94	2,548.28	1,972.69	1,973.51
1995	882.94	953.8	429.95	846.9	538.99	706.32	1,024.25	924.63	1,822.48	1,272.10	2,290.64
1996	651.22	735.74	295.3	700.73	410.04	549.25	748.11	923.04	1,156.07	1,375.35	1,335.32
1997	376.31	303.9	103.08	353.54	245.52	312.32	454.67	492.47	561.76	851.62	987.07
1998	562.46	362.35	137.33	429.44	170.49	512.88	674.81	825.81	1,993.57	913.72	1,663.71
1999	1028.07	395.43	107.57	428.48	160.06	878.71	1,214.29	1,394.52	2,015.07	905.11	4,223.51
2000	504.62	200.56	40.85	145.39	103.19	426.7	623.29	628.81	800.92	779.38	1,957.68
2001	693.7	230.45	64.57	266.41	176.22	647.61	952.18	916.05	1,738.91	1,102.85	3,089.59
2002	627.55	132.77	44.87	223.86	152.12	642.73	949.97	884.43	1,139.40	884.41	3,264.61
2003	810.71	90.2	66.75	430.31	179.69	994.42	1,387.78	1,266.36	1,001.21	1,186.47	4,520.71
2004	895.92	70.47	92.29	432.03	187.55	1,343.97	1,510.51	1,492.57	1,017.89	1,594.97	4,573.91
2005	1379.37	166.75	198.61	928.12	351.36	1,683.66	2,273.70	2,322.15	2,949.30	3,481.03	6,761.03

자료 : 한국거래소

우리나라 증시는 1960년대에는 합판, 종이, 광물자원 같은 기초 산업과 관련된 종목들이 각광을 받았다. 그러다가 경제개발계획에 의해 본격적인 산업화가 진행된 1970년대에는 섬유, 건설, 종합상사, 중화학공업이 우리나라 경제를 이끄는 주요 산업이 되었고, 증시 역시 이런 점이 반영되어 이와 관련 업종 종목들이 증시를 주도했다.

그후 1980년대에 1988년 올림픽을 전후해서는 은행, 증권 같은 금융주가 화려한 시대를 이끌면서 최초로 코스피 1000을 돌파하는 견인차 역할을 했다. 그러다가 1990년 중후반과 2000년대 들어서는 전자정보통신, 생명공학 등 첨단산업 분야가 우리나라의 성장을 주도하면서 증시 역시 관련주가 각광을 받고 있다.

이처럼 각 시대별로 어떠한 업종이 화려한 조명을 받으며 투자들에게 인기를 얻었으며 또한 어떠한 업종이 언제 또 다른 스타에게 자리를 넘겨주고 무대 뒤편으로 물러났는지 등을 일목요연하게 비교해본다면 그 흐름을 파악하기 쉬울 것이다.

다음 그림은 1980년부터 2005년까지 연도별로 코스피 지수와 업종별 주가 지수를 비교한 자료다. 앞의 표를 좌상단에서 우하단으로 살펴보면 시대가 흐르면서 좌측의 업종에서 우측의 업종으로 각광받은 업종 변화의 흐름을 알 수 있다. 이해를 돕기 위해서 과거에 각광받았던 업종을(섬유·의복)을 좌측부터 나열해서 가장 최근에 각광받는 업종(전기·전자)을 제일 우측에 나열했다.

이 그림을 보면 시간이 지나면서 각광받는 업종이 어떻게 변화하고 있는지, 시장 지수 대비 업종 지수가 얼마나 상승·하락했는지 확인할 수 있다. 코스피 지수는 1980년의 기준 주가 100에서 시작 2005년 말 기준으로 1379.37이다. 업종별 지수도 1980년을 기준으로 각 100으로 설정하고 2005년까지의 지수를 나타냈다.

한때는 화려했으나 현재는 코스피 지수에 미치지 못하는 업종

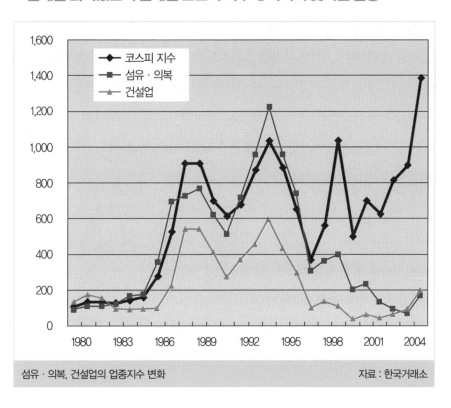

섬유·의복, 건설업의 업종지수 변화   자료 : 한국거래소

코스피 지수보다 업종 지수가 낮다는 것은 상대적으로 해당 업종에 속한 종목의 주가가 낮다는 것을 의미하며, 반대로 코스피 지수보다 업종지수가 높다는 것은 해당 업종에 속한 종목들의 주가가 평균적으로 높다는 것을 의미한다.

위에서 설명한 그림을 업종별로 몇 개의 그룹으로 나누어서 차트로 표현하면 좀 더 명확하게 업종별 지수 변화의 흐름을 파악할 수 있다.

예를 들면 앞의 그림에서 섬유·의복산업이나 건설업의 경우 1980년대 중반까지는 코스피 지수(굵게 표시된 선)에 준하는 수치를 보여주었다. 하지만 1990년대 들어오면서 매우 큰 폭으로 하락해서 1997년의 IMF 외환위기를 지나 2000년대에 들어서면 코스피 지수의 10~20%대에 겨우 머무르고 있는 것을 알 수 있다. 코스피에 상장된 평균적인 종목의 주가보다도 섬유·의복, 건설업종에 속한 종목의 주가가 대부분 몇 분의 1 토막이 났다. 즉, 시대가 바뀌면서 해당 업종 기업의 실적이나 장래성 등이 불투명해지고 경영난을 겪자 이는 곧바로 증시에 반영되어 투자자들이 해당 종목에 대한 매력을 잃고 외면하면서 주가가 크게 하락한 것이다.

언제나 꾸준하게 코스피 지수만큼은 하는 업종

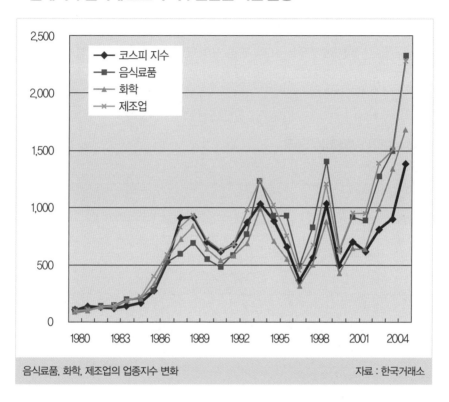

음식료품, 화학, 제조업의 업종지수 변화   자료 : 한국거래소

반면에 위 그림에서 나타나는 것처럼 음식료품, 화학, 제조업종의 경우는 크게 각광을 받지는 못했지만 반대로 크게 폭락하지도 않으면서 꾸준하게 코스피 지수의 움직임과 비슷한 양상을 보여주고 있다.

이는 해당 업종 자체가 산업과 경제, 우리 생활에 있어서 없어서는 안 될 필수 불가결한 업종이기 때문에 시대의 흐름과는 크게 상관없이 꾸준한 성장과 실적을 올렸고 이 점이 주가에 반영되어 오랜 세월 무난한 성적을 유지하고 있는 것이다. 이들 업종의 경우는 짜릿한 투자매력을 느낄 수는 없더라도 종목을 잘 선정했을 경우는 오랜 세월 동안 꾸준한 수익을 기대할 수 있었다는 알 수 있다.

지수보다 상향하는 업종

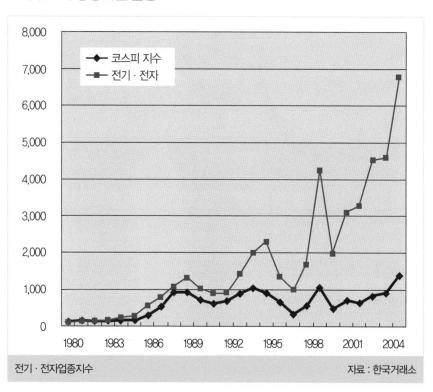

전기 · 전자업종지수   자료 : 한국거래소

전기·전자업종의 경우 앞의 그림에서 보듯이 1990년대 초중반부터 코스피 지수보다 높게 상승하기 시작해서 1999년의 IT 광풍 때에 폭발적인 상승을 했다가 한때 주춤하기도 했다. 그 후 거품을 걷어내고 옥석이 가려지는 과정을 거쳤다. 2000년대에 들어서면서 다시 크게 상승해서 앞에서 설명한 일부 업종과는 비교할 수 없을 정도로 코스피보다 몇 배나 높은 상승을 유지하고 있다.

최근 10년간 명암이 극명하게 갈린 업종

다음 표는 2011년부터 2021년까지 최근 10년간 코스피의 주요 업종 등락률 순위다. 의약품, 전기·전자 등의 첨단산업과 비금속광물 등의 자원과 관련된 업종이 194%에서 472% 상승한 것을 알 수 있다. 거칠게 말하자면, 해당 업종의 아무 종목이나 눈감고 매수했다고 해도 몇 배의 수익이 가능했다는 것이다. 반면에 건설, 철강금속, 은행 등은 해당 기간에 업종지수가 반 토막이 나고 있다.

이처럼 시대 상황에 따라서 증시에는 각광을 받거나 인기가 시드는 업종이 있고 큰 기복 없이 꾸준하게 전체 증시의 움직임과 비슷하게 움직이는 우직한 업종이 있다. 따라서 주식 투자에 있어서는 지금의 상황이 어떤 시대이며 어떤 업종이 각광을 받고 있고 향후에는 또한 어떤 업종이 각광을 받을지를 알아보는 안목이 필요하다.

물고기가 살기 어려워진 웅덩이에서 하염없이 기다리기보다는, 물 좋은 연못에 낚싯대를 드리워야 월척을 낚을 확률이 높지 않을까?

최근 10년간 코스피 주요 업종 등락률 순위

구분	2011년 1월	2021년 1월	등락율
(유) 의약품	3,470.45	19,834.88	472%
(유) 전기 · 전자	9,283.00	31,540.12	240%
(유) 비금속광물	816.25	2,398.15	194%
(유) 제조업	4,261.87	8,049.00	89%
(유) 서비스업	1,007.09	1,787.58	77%
(유) 음식료품	2,475.82	4,089.43	65%
(유) 의료정밀	1,814.65	2,813.17	55%
(유) 화학	5,080.67	7,324.33	44%
(유) 섬유의복	203.93	270	32%
(유) 종이목재	302.47	399.42	32%
(유) 통신업	289.22	335.29	16%
(유) 전기가스업	912.22	751.74	−18%
(유) 운수장비	2,842.32	2,339.90	−18%
(유) 유통업	529.48	396.45	−25%
(유) 금융업	535.17	400.39	−25%
(유) 보험	17,572.37	11,788.11	−33%
(유) 증권	3,060.28	1,958.13	−36%
(유) 기계	1,585.17	984.34	−38%
(유) 운수창고업	3,241.00	1,886.41	−42%
(유) 철강금속	6,874.75	3,978.06	−42%
(유) 은행	337.44	169.02	−50%
(유) 건설업	255.21	109.39	−57%

자료 : 한국거래소

04

여러 위기 속에도
꾸준히 성장해온 증시

1974년 5천억 원대에 불과했던 우리 증시의 시가총액은 꾸준한 성장을 거듭해서 1986년에는 10조 원을 돌파했다. 그 후 1993년에 100조 원대를 돌파해서 1995년에 140조 원대까지 늘어났던 시가총액은 1997년에 IMF 외환위기를 겪으면서 다시 70조 원대까지 곤두박질치고 만다.

그 후 IMF에서 벗어나며 마침 전 세계적으로 불어닥친 IT 열풍으로 불과 2년 만인 1999년에 약 350조 원까지 불어났으며 2005년에는 650조 원을 돌파했다. 2021년 1월 기준으로 코스피와 코스닥 시장을 합쳐서 2400조 원대에 이르고 있다.

양과 질 모든 면에서 비약적으로 발전한 대한민국 증시

우리나라 증시는 시가총액뿐만 아니라 상장된 회사(종목)수와 거래량도 비약적으로 증가했다. 1956년 12개 종목으로 출발했던 우리나라 증시는 2021년 1월 말 기준으로 코스피에 801개 회사의 919개 종목, 코스닥에 1473개 회사의 1476개 종목, 코넥스 시장에 142개사가 상장되어 총 2476개사의 2537개 종목이 상장되어 있다. 시가총액은 코스피가 약 2079조 원에 이르고, 코스닥 시장이 378조 원, 코넥스 시장이 6조 원으로 총 2457조 원에 이르고 있다.

한국 증시 개요(2021년 1월 말 기준)

구분	상장회사(종목)	상장주식주(백만주)	시가총액(십억원)
코스피	801(919)	56,670	2,079,798
코스닥	1,473(1,476)	44,081	377,924
코넥스	142(142)	830	6,085
계	2,476(2,537)	101,580	2,457,975

자료 : 한국거래소

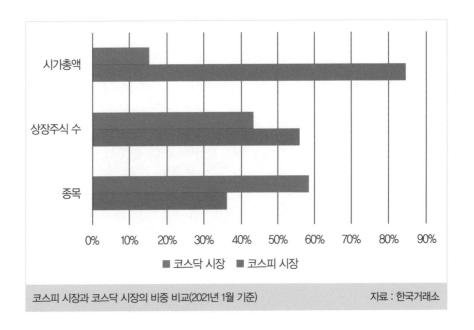

코스피 시장과 코스닥 시장의 비중 비교(2021년 1월 기준)　　　　자료 : 한국거래소

　　코스피와 코스닥을 비교해보면 위 그림에서 보듯이 코스피에 상장된 회사와 종목이 각각 782개사, 900개인 데 비해, 코스닥에 상장된 회사와 종목은 1412개사, 1415개로 코스닥이 코스피를 추월하고 있다(2021년 3월 현재).

　　반면에 코스닥에 상장된 상장회사(종목)의 시가총액의 비중은 15%에 불과하다. 코스피의 비중이 85%에 달하는 것에 비해 종목 대비 규모는 빈약한 것을 알 수 있다. 코스닥 시장이 코스피에 비해서 종목 수가 많지만 상대적으로 자본금과 시가총액은 훨씬 적은 '경량급 선수'들로 구성되어 있다.

　　이처럼 우리나라 증시는 코스피와 코스닥이라는 각기 개성이 다른 시장이 축을 이루어서 증시를 이끌어가 가고 있다

12개 종목으로 조촐하게 출범했던 우리 증시는 이제 약 2500여 종목에 달하는 수준으로 늘어났고, 시가총액도 약 2500조여 원에 달하는 규모로 성장했다. 이러한 외형적인 발전만이 아니라 이제는 질적인 면에서도 새로운 변화의 모습을 보여주고 있다.

05

선진화되고 있는
우리 경제와 주식시장

우리나라 증시는 많은 우여곡절과 시행착오를 겪으면서 조금씩 그 기반을 다져왔고 최근 들어서는 여러 가지 체질 개선을 통해서 선진화된 모습으로 발전하고 있다.

악재의 충격을 흡수할 수 있을 만큼 성숙해진 사회와 경제 여건

과거에 우리 증시의 기반이 약했을 때는 대내외적인 사소한 악재에도 증시가 출렁거리고 대책 없는 하락의 늪에 빠지곤 했지만 최근 들어서는 웬만한 악재에도 잘 견디면서 견고한 모습을 보여주고 있다.

예전에는 유가 폭등이나 북한 문제가 불거지기만 하면 증시는 여지없이 폭락할 뿐만 아니라 생필품 사재기 등으로 경제와 사회 전반적인 부문에서 도미노 현상처럼 불안감을 증폭시키는 모습을 보이고는 했다.

그러나 우리나라의 경제가 지속적인 발전을 하고 사회적으로도 많은 부문에서 성숙해지면서 이런 모습은 많이 개선되었다. 유가 폭등으로 인한 세계적인 고유가와 북한의 핵 문제 등이 불거져도 우리나라의 경제와 사회는 큰 동요 없이 충격을 흡수했고 증시 역시 단기적으로 다소의 출렁거림은 있어도 과거처럼 공황상태와 같은 폭락사태는 발생하지 않고 있다.

자신의 투자철학을 갖춘 새로운 개인투자자의 등장

이렇게 변화된 증시의 이면에는 투자자들의 달라진 투자 마인드도 한몫을 하고 있다. 과거에는 단기적이고 빈번한 거래로 시세차익을 노리는 투기적인 매매가 만연했다. 하지만 이제 개인투자자들도 변화하는 모습을 보여주고 있다. 이들은 주식 투자를 건전하고 장기적인 투자 수단으로 여기고 있다.

이전에는 개인의 매매회전율이 기관이나 외국인에 비해서 월등하게 높았다. 단기적으로 주식을 사고 팔았기 때문이다. 하지만 최근에는 단기차익을 노리기보다는, 장기보유를 해서 수익을 보려는 투자성향이 많아지면서 매매회전율이 낮아지고 있는 추세다.

또한 전문가를 맹신하기보다는 열심히 공부하고 분석해서 종목 선정과 매매 타이밍까지 스스로 선택해서 거래하는 똑똑한 개인투자자가 늘어났다. 불나방처럼 달려들어서 대박을 기대하던 과거의 '묻지마 투자자'가 아닌 '상식적인 투자자'가 늘어나고 있다. 과거의 개인투자자들보다 훨씬 똑똑하고 합리적인 새로운 부류의 개인투자자가 시장에 속속 진입하고 있는 것이다.

그러나 아직도 시류에 편승하는 일부 쏠림 현상은 문제가 되고 있다. 외국의 경우 몇 년, 심지어는 10년 이상 투자자들의 신뢰를 받으면서 시장에서 꾸준한 사랑을 받는 종목들이 즐비하지만, 우리나라는 단기 열풍에 편승해서 단기간의 반짝 수익률로 투자자를 현혹하는 경우들이 많다. 어떤 종목이 요즘 좋다고 증권사나 언론에서 발표하기만 하면 우르르 몰리는 쏠림 현상은 앞으로도 개선되어야 할 과제이다.

변화하고 있는 기관투자자, 기업, 정부

한편 기관투자자의 경우는 대외적으로는 증시의 버팀목으로서 건전한 투자를 표방했지만 실제로는 단기적인 투자 실적에 좌우되는 경영풍조로 인해서 투기적인 개인투자자와 별반 다른 역할을 하지 못했던 것이 사실이다.

그러나 이제는 기관투자 역시 선진적인 외국계 투자 그룹들의 경영 노하우를 벤치마킹하면서 변화를 위한 많은 노력을 기울이고 있다. 최근 들어서는 증시에서 차지하는 기관투자자의 비중이 커지면서 이러한 노력이 힘을 발휘하고 있기도 하다.

또한 예전에는 정부가 경제 정책과 각종 지표에 대한 가이드라인을 정하고 이를 달성하기 위해서 무리하게 시장에 개입해서 엄청난 공적 자금을 쏟아붓고도 오히려 역효과를 내는 사례들도 많았다. 그러나 최근 들어서는 시장의 자율성을 존중하는 쪽으로 상당부분 정책적인 변화를 하고 있다.

기업의 경우는 과거에는 주주에 대한 배려나 기업의 이미지 제고를 통한 주가 관리에 신경쓰기보다는 기업 오너의 전횡으로 모든 것이 좌지우지되곤 했다. 그러나 이제는 투자자들을 상대로 적극적으로 기업 설명회를 개최할 뿐만 아니라 배당 등을 통해서 주주의 권익을 존중하는 풍토가 조성이 되고 있다.

이러한 노력을 통해서 투자자로부터 좋은 점수를 받아서 투자를 이끌어내고, 주식에 대한 매력이 높아지면서 다시 주가가 상승하는 순환구조를 형성하고 있다. 주먹구구식으로 문어발식 규모 확장에만 치중하던 기업들이 실속 위주의 내실 경영으로 돌아선 것이다.

이와 같은 투명한 경영과 함께 기업의 지배 구조에서도 변화의 움직임이 일어나고 있다. 우리나라 기업들은 지배구조의 후진성 때문에 외국계 자본의 공격으로 경영권 위협에 노출되는 사례가 종종 발생했다. 우리나라 기업들은 공격적인 외국계 자본이 지분 확보를 통해 경영에 간섭하거나 경영권 자체를 위협하면 그제야 사태의 심각성을 느끼고 우왕좌왕하다가 무릎을 꿇고 만다. 그러면 승리한 '기업사냥꾼'들은 천문학적인 시세 차익을 거두어 유유히 돈을 쓸어 담고는 미련 없이 떠나버린다.

이와 같은 뜻하지 않은 사냥꾼의 일격에 내로라하는 기업들조차 처참하게 굴복하는 모습을 지켜보면서, 많은 기업들이 자신에게 화살이 돌아오지 않게 하기 위해 지배구조의 개선과 경영권 안정을 위한 노력을 하고 있다.

이처럼 최근 들어서 기업의 투명성이 많이 향상되었으며 지배 구조의 개선으로 책임 경영을 중시하는 풍토가 정착이 되고 있다. 이를 통해 기업 내재 가치의 향상과 투자 매력도 상승으로 추가적인 주가 상승의 기회를 창출하고 있다.

우연히 알게 된 대박 정보는 알고 보면 사실 모두가 다 알고 있는 정보일 경우가 많다. 투자자 스스로 이러한 루머나 언론의 달콤한 유혹에 혹해서 소중한 자신의 돈을 충동구매 하는 것처럼 함부로 투자하는 우를 범하지 않도록 해야 할 것이다.

제3강

개인투자자에게 필요한 것은
심리분석과 자기관리

단기간에 대박을 바라는
조급증이 문제

증시 분위기가 좋아지고 주가가 상승하면 여기저기서 주식 투자를 부추기는 달콤한 유혹이 봄날 꽃피듯이 화사하게 고개를 들기 시작한다. 수십 배의 수익을 올렸다는 사람의 이야기를 언론이나 주변 사람들을 통해서 듣게 되면 귀가 솔깃하다. 큰돈 없이도 매일마다 주식을 샀다 팔기만 하면 엄청난 부를 쌓아갈 수 있다는 고수들의 무용담에 나도 할 수 있겠다는 용기가 생겨 주식 투자에 관심을 갖기 시작한다.

'증권사 강력 추천!' '적중률 최고! 대박 종목' '3개월간 수익률 수백% 보장!' 말만 들어도 가슴이 뛰고 행복한 미래가 펼쳐질 듯한 꿈에 부풀게 된다. 덜컥 증권 계좌에 목돈을 입금하고는 주식 투자를 시작한다. 증권사 직원이나 주변의 말만 듣고서 잘 알지도 못하는 회사의 주식을 사놓고는 대박의 꿈에 젖지만, 바로 그날부터 악몽은 시작된다.

철학도 원칙도 없는 야수의 심장

사람들은 보통 몇만 원 하는 물건을 하나 사려고 해도 인터넷 쇼핑몰을 비롯해서 여기저기 발품을 팔아서 기능이나 가격, 디자인 등을 꼼꼼하게 비교해보고 산다. 그런데 큰돈을 들여서 주식 투자를 할 때는 오히려 별 생각 없이 자신의 피 같은 돈을 충동 구매하듯이 과감하게 질러버린다.

언론에서 연일 주가가 상승하고 있다고 떠들어대고 주식 투자로 대박이 난 사람의 인터뷰가 실리니까, 주변에서 어떤 종목이 앞으로 유망하다고 하니까, 눈앞에서 주식 차트의 빨간 양봉이 상한가를 치면서 유혹하니까, 지금 안 사면 기회가 없을 것 같은 생각으로 주식 투자에 나선다.

그러다 북한 문제나 유가 상승 등의 뉴스가 나오기라도 하면 주가가 어떻게 될지 불안해하기 시작한다. 파란 음봉만 봐도 얼굴이 새파랗게 질려서는 안절부절못한다. 그러다 어느새 정신을 차려보면 수익은 고사하고 순식간에 원금까지 다 까먹은 자신의 계좌를 보고 망연자실하고 만다.

이런 과정을 겪고 나면 주식은 절대 할 것이 못 된다고 아예 포기를 하거나, 본전 생각에 빚을 얻는 등 무리를 해서 다시 도전한다.

포기하는 사람들은 자신이 함부로 덤빌 분야가 아니라는 생각에 펀드 같은 간접투자 상품의 문을 두드리기도 한다. 그러나 이때에도 내용을 잘 모르면서 아무 펀드 상품에나 투자를 하고는, 광고의 달콤한 수익률과 미래를 액면 그대로 믿고 꿈에 부푼다.

펀드는 은행 예금 같은 원금보장상품이 아닌 투자상품이다. 펀드에 따라 운용 방법과 투자 대상이 다르고 그 수익률 역시 천차만별이기 때문에 막상 뚜껑을 열어보면 처음의 홍보와는 달리 고수익은 고사하고 오히려 손실이 나는 경우도 많다. 펀드운용 수수료와 세금을 제외한 실제 손익이 찍힌 계좌를 보고는 속았다는 생각이 들지만 그때는 이미 엎질러진 물이다. 묻지마 주식투자에서 벗어나 묻지나 펀드투자를 한 결과는 정도의 차이가 있기는 하지만 장밋빛 꿈을 실현하기에는 무리가 있다.

본전 생각에 손절을 못하는 사람들은 있는 돈 없는 돈 몽땅 끌어모아서는 다시 도전을 한다. 그러나 주식으로 돈 벌어서 집을 사는 게 아니라, 있는 돈을 모두 털리고 멀쩡한 집을 담보 잡히거나 팔아서 주식시장에 쏟아붓고는 결국 길거리에 나앉게 되고 만다.

앞에서 예를 든 김 과장의 경우처럼 상당수의 개인투자자는 건전한 투자철학도 없이 처음에는 다른 사람의 말만 듣고 묻지마 투자에 나선다. 운 좋게도 증시가 활황이거나 해서 한두 번 수익을 내면 자신이 마치 주식고수인 양 자만해서는 무리한 투자를 하다가 거듭 큰 실패를 맛본다. 그러고는 작전세력의 농간에, 외국인과 기관투자자의 매도공세에, 돌발적인 상황과 경제여건 때문이라는 등 실패의 핑계를 대면서 자신을 합리화한다.

〈무모한 욕심으로 쓰라린 상처를 입은 김과장〉

A산업에 다니는 김 과장은 아내 얼굴만 보면 죄스러운 마음이 들뿐 아니라 전화벨만 울려도 가슴이 뜨끔하고 놀란다. 그가 이렇게 된 이유는 아내 몰래 집을 담보로 대출을 받아서 주식 투자를 했다가 크게 손실을 봤기 때문이다. 그는 얼마 전에 데이트레이딩으로 하루에 수십만 원씩 번다는 말에 마음이 혹해서 주식 투자를 시작했다. 처음 시작한 투자에 적지 않은 수익을 올리자 주식 투자가 별 것 아니구나 하는 생각에 차츰 투자 규모를 늘려나갔다. 그러나 처음 몇 번 수익 낼 때와는 달리 계속되는 손실이 커져서 급기야는 집을 담보로 대출받은 돈까지 모두 주식에 넣고 만 것이다.

대박의 꿈을 향해 돌진하는 개미들

개인투자자들이 불나방처럼 돌진하는 것 같은 모습을 보여주는 거래 행태는 투자주체별 거래비율 분석을 통해서도 확인할 수 있다.

개인투자자들이 주식 투자로 실패의 쓴맛을 보는 악순환이 계속되는 이유는 많은 사람이 주식 투자를 건전한 투자의 수단으로 생각하기보다는 단기간에 승부를 내는 도박이나 투기 수단으로 생각하고 접근을 하기 때문이다. 그 결과는 우리 증시에서 수많은 개인투자자의 실패 사례와 가슴 아픈 사연을 통해서 얼마든지 확인할 수가 있다.

주식 투자는 자식을 키우듯이 오랜 시간의 정성과 순수한 노력을 기울여야 한다. 돌밖에 안 지난 아이에게 떼돈을 벌어오라고 하는 부모가 어디 있는가? 자식 키우듯이 주식 투자를 바라보자. 인생을 의미 있게 살아가기 위해서는 인생 철학이 필요하고 자식을 잘 키우기 위해서는 자녀교육 철학이 필요한 것처럼 주식에도 투자의 철학이 필요하다.

"주식 투자에 관한 얄팍한 기법은 투기꾼을 양성하지만 주식 투자에 대한 건전한 철학은 진정한 투자자를 만들어준다."

02

주식은 주가 상승이 아니라
매매로 수익을 내야 한다?

장사는 물건을 신속하게 판매하고 또 새로운 제품을 들여오는 등 자금과 물품의 회전이 매우 중요하다. 물건을 오래 보유하고 있으면 먼지만 쌓이고 시대에 뒤떨어진 재고품이라는 애물단지가 되어버리고 만다. 그래서 장사는 빠른 회전이 필요하다.

하지만 주식 투자는 다르다. 시간이 흐르면서 자신이 매수한 주식이 꾸준하게 가치가 상승해 자산가치가 불어나는 것이지, 오래 보유한다고 먼지가 쌓이거나 재고품이 되는 것은 아니다. 이처럼 장사와 주식 투자는 그 성격이 분명히 다른 데도 불구하고 많은 개인투자자들은 장사하듯이 빈번하게 주식을 사고 팔아야 한다고 생각한다.

빈번하게 사고 팔아야 수익을 낼 수 있다는 편견

이러한 개인투자자의 잘못된 편견과 매매행태로 인해 우리나라 증시의 매매회전율은 주요국과 비교했을 때 매우 높은 편이다. 매매회전율[(연간 평균거래대금 /전년도 평균보유시가총액) × 100]이란 보유한 주식의 시가총액대비 거래대금의 회전율을 의미하는데, 쉽게 이야기하면 주식을 얼마나 빈번하게 사고 파는지를 나타내는 수치라고 할 수 있다.

특히 개인의 매매회전율이 높은 이유는 장래성 있고 우량한 주식을 산 뒤 가치상승으로 자산이 불어나는 것을 기대하는 중장기적인 안목으로 투자를 하는 것이 아니라, 단기적인 시세차익만을 노리고 투자에 나서고 있기 때문이다.

〈병원에 입원하면 수익이 발생하는 이씨〉

이○○ 씨는 성격이 급해서 평소에 잦은 매매를 하는 투자습관이 있었다. 나름대로 열심히 분석해서 종목을 선정하고 투자를 하지만 증시에 안 좋은 뉴스만 나오면 지레 겁을 먹고는 주식을 팔아버리고 반대로 조금만 분위기가 반전되어 주가가 상승하면 때 늦은 추격매수에 나서기를 반복해서 항상 손해를 보았다. 그러던 어느 날 교통사고를 당해서 오랫동안 의식을 잃고 병원에 입원해서 치료를 받다가 퇴원을 했다. 퇴원 후 증권계좌를 조회해 보니 자신이 매수한 종목들의 주가가 상승해서 계좌에는 많은 수익이 쌓여 있었다. 기분이 좋아진 이씨는 주식 투자로 돈을 벌려면 병원에 입원해 있어야 하는 것은 아닌가 하는 생각에 쓴 웃음을 지었다.

그러나 가랑비에 옷 젖는다는 속담처럼, 빈번한 거래는 거래비용(수수료, 세금 등)의 증가로 인해서 수익이 감소될 뿐만 아니라 큰 흐름을 파악하지 못하고 단기적인 주가의 움직임에 민감하게 반응해서 오히려 손해를 보기 쉽다.

마음 다스리기에 실패하면 투자도 실패한다

앞의 사례에서 이씨는 병원에 입원하게 되는 바람에 어쩔 수 없이 꾸준하게 주식을 보유하게 되었다. 그런데 결과는 매일 같이 증시를 분석하고 잦은 매매를 할 때보다 훨씬 좋았다. 그렇다면 성공적인 주식 투자를 위해서는 매번 투자 후에 어딘가에 강제로 격리 조치를 해야 하는 것은 아닐까? 사람을 격리 조치하기 보다는 계좌를 격리하는 게 더 나을 것이다.

사람은 마음이 급하고 조바심을 내기 시작하면 판단력이 흐려지고 당황해서 평소에는 잘 되던 일도 잘 안 될 뿐만 아니라 오히려 사고만 치고 만다. 하물며 소중한 돈이 걸려 있는 투자를 할 때는 두말할 나위가 없다.

그래서 주식 투자는 빚을 얻어서 투자하거나 자신이 감당할 수 있는 금액을 넘어서는 자금으로 하면 절대로 성공할 수가 없다. 능력을 넘어서는 돈으로 무리하게 투자를 하니, 마음은 급해지고 조바심이 난다.

조금만 주가가 하락하면 참지 못하고 금방 팔아버리고 반대로 조금만 상승하면 '대박'의 기회를 날릴 것 같은 초조함에 덥석 사버리게 된다. 또는 조금만 수익이 나면 수익을 지키겠다고 홀랑 팔아버려서 더 많은 수익의 기회를 날려버리거나 반대로 손실이 나기 시작하면 자포자기 상태가 되어 주가가 반

토막, 심지어는 몇 분의 1 토막이 나서 주가가 바닥까지 하락하면 더 이상 참지 못하고 그제서야 손절매를 한다. 이런 식으로 매매를 하니 오락가락하면서 손해만 보게 된다.

세상 일은 아쉽고 급한 사람에게 불리하게 되어 있다. 여유가 있는 사람은 급할 이유가 없으니 좋은 기회가 오기를 기다릴 수 있고 작은 흔들림에도 견딜 수 있다. 그러나 쫓기는 입장이 되면 지금 아니면 기회가 없을 것 같은 초조함에 무리한 투자를 하게 되고, 무리를 했으니 작은 흔들림에도 참지 못하고 휘둘리게 된다.

주식 투자는 빚 얻어서 한탕 해보겠다고 덤비는 투기가 아니라, 여윳돈으로 시작해서 꾸준하게 자산을 복리의 마술로 불려 나가는 장기적인 투자다. 나름대로의 원칙에 의해서 투자를 했으면 사소한 뉴스나 시장의 작은 움직임에 휩쓸리지 말고 중장기적으로 투자를 해야 성과를 얻을 수 있는 것이지, 냄비처럼 끓었다 식었다 하는 조바심을 내봐야 오히려 잘될 일도 망칠 뿐이다.

03

전문가는 과연 주식 투자로
수익을 내고 있을까?

증권사도 망하거나 타사에 인수당하는 등으로 증시에서 퇴출되기도 한다. 그동안 생겨나고 사라진 증권회사의 면면을 보면 주식전문가가 모인 증권회사가 증시에서 스스로 살아남는 생존율이 절반도 채 되지 못한다. 이런 자료를 보면 한편으로는 치열한 생존경쟁에서 스스로 살아남는 것조차 힘들어하는 '전문가 집단'에 대한 연민이 느껴진다.

하지만 얄팍한 감상에서 깨어나서 현실을 직시하면 이런 전문가들을 믿고서 우리의 소중한 자산을 불려달라고 맡겨도 되는 것인지에 대한 회의감이 들지 않을 수 없다.

거래수수료로 연명하는 증권회사의 구조적인 문제

우리나라는 증권회사의 수익 중에서 위탁매매(고객들의 매매에 의한 수수료) 수입이 차지하는 비중이 압도적으로 높다. 기업 인수합병(M&A) 주선과 증권 발행 및 인수 등 투자은행(IB) 부문의 수익은 상대적으로 매우 낮은 실정이다. 2020년 하반기와 2021년 초의 상승랠리로 주가가 치솟은 기간에 증시 활황으로 인해 증권사들은 수수료 수입이 치솟았다.

증권회사 전체 수익의 절반 이상을 고객들의 거래수수료에 의존하고 있기 때문에 투자자들이 잦은 매매를 해야 수익이 증가하는 전근대적인 수익구조를 형성하고 있다. 상황이 이렇다 보니 투자자들이 중장기적인 안목으로 장기투자를 하거나 시장을 떠나서 관망하게 되면 증권사는 수수료 수입이 급감해서 회사 운영에 큰 타격을 받게 된다.

이 점은 과거 증시 활황으로 코스피 지수가 1000포인트를 돌파했던 역사적인 시점인 1994년에 5천억 원이 넘는 순이익을 냈던 증권사들이 다음해에 증시가 하락추세로 접어들자 곧바로 6천억 원이 넘는 적자를 낸 사례 등을 통해서 얼마든지 확인할 수 있다.

이처럼 증권사는 개인투자자의 주머니 속에서 나오는 수수료 수입으로 수익을 꾸려가고 있는 실정이다. 이런 이유로 국내 증권사들은 원하든 원치 않든 투자들에게 중장기투자보다는 잦은 거래를 유도하게 되는 것이다. 투자자가 있어야 증권회사도 존재하는 것인데, 투자자야 수익이 나건 말건 수수료를 챙기는 상황이다.

가랑비에 옷 젖는다는 말처럼, 분위기에 편승한 잦은 매매는 증시의 사소한 움직임에도 휘둘린다. 매매가 잦으면 세금과 수수료를 포함한 거래비용 때문에 결국 계좌만 쪼그라들고 만다. 증권사는 여러 추천종목을 제시해서 단타 투자자의 자산을 불려주는 역할을 하는 것처럼 보이지만, 실제 수익이 나든 안 나든 목적은 거래 수수료일 뿐이다.

아님 말고 식의 투자 조언과 면피용 분석

증권사 추천종목들의 성적이 초라한 경우는 비일비재하다. 이러다 보니 증권회사와 전문가들은 수시로 추천종목이 바뀌고 증시 분위기가 조금만 반전되어도 대세상승과 대세하락을 번갈아가면서 외치는 모습을 보여준다. 증시가 조금만 오르면 대세 상승이라고 하면서 주가가 끝간 데 없이 상승할 것 같은 분위기 일색의 전망과 분석으로 도배가 된다. 반대로 조금만 하락하기 시작하면 또 대세 하락이라고 한다. 이처럼 분석이 틀리면 어물쩍 넘어가고 몇 번 틀리다가 한 번 적중하면 대단한 실력인 양 홍보를 한다. 동전을 던져도 절반은 맞는데 말이다.

또한 장황한 설명을 하지만 알맹이가 없는 경우도 많다.

"이러저러한 이유로 주가는 상승할 것으로 예상되지만, 이러저러한 이유로 하락할 수도 있으므로 보수적으로 접근하는 자세가 필요하다."

이게 도대체 무슨 소리인가? "하늘에 구름이 많으면 날이 흐릴 것이고, 구름이 없으면 날이 맑을 것이다"라고 기상예보를 하는 것과 같지 않은가?

"주가가 저점에 이르렀을 때 매수하는 지혜가 필요하다. 무릎에 사서 어깨에 팔아라."

증권가의 명언인 것처럼 그럴듯하게 들리지만, 사실 의미 없는 말이다. 주가가 저점일 때 싸게 매수하기 싫어서 일부러 고점에서 매수하는 사람은 없다. 항상 어디가 저점인지를 모르는 게 문제다.

전문가는 나보다 전문적인 지식을 많이 알 뿐이지, 그들이 수익을 보장해주지는 않는다는 것을 알아야 한다. 전문가는 신이 아니라 우리와 똑같은 사람이고, 우리가 회사에서 업무 때문에 스트레스 받듯이 증시 분석과 투자판단 때문에 잠 못 이루며 고민하는 증권업계 직장인일 뿐이다. 그러므로 그들의 전문지식을 참고해서 투자 판단에 도움을 받되, 무조건 맹신하는 우를 범하지는 말자.

소비자가 똑똑해야 기업들이 정신을 차리고 좋은 제품을 개발하고 서비스를 제공한다. 증시가 한 단계 업그레이드되고 선진화되려면 투자자의 마인드부터 먼저 변화해야 한다. 개인들이 묻지마 투자의 구태에서 벗어나 건전한 투자철학을 갖춘 '똑똑한 소비자'로 거듭나야 증권업계의 잘못된 관행도 개선될 수 있다.

아무도 나의 투자를 책임지지 않는다. 믿을 건 바로 나 자신뿐이다.

04

미공개자료, 시세 조종, 테마…
찌라시의 유혹을 뿌리쳐라

우리나라 증시에는 해마다 새로운 기업들이 신규로 상장되기도 하지만 반대로 상당수의 기업들이 상장폐지가 되기도 한다. 기업 합병으로 인해서 주식을 인수하면서 상장폐지를 하는 경우는 그나마 괜찮지만, 상장폐지가 될 경우 해당 주식은 말 그대로 휴지 조각이 되어 버리고 만다.

앞에서 설명한 바와 같이 유명 증권사나 전문가가 유망하다며 추천한 종목도 부도가 나는 판이니, 이러한 옥석 가리기가 중요하다. 특히 증시가 활황일 때는 이런 분위기에 휩쓸려 회사 가치에 비해 높은 가격에 공모를 해서 증시에 상장하는 경우도 많다. 그렇지만 화려한 신규 상장의 그늘에는 매년 수십 개의 회사가 상장폐지로 퇴출이 되기도 한다는 것을 알아야 한다.

우회상장의 명암

일반적으로 상장을 할 때에는 해당 회사 자체를 신규로 상장하는 경우가 있는 반면, 기존에 이미 상장한 다른 회사를 인수·합병하는 우회적인 방법으로 상장을 하는 경우가 있는데, 이를 흔히 우회상장이라고 한다. 이는 원래 기존에 상장되어 있으나 성장이 한계에 달한 기업과 유망한 비상장회사를 결합해서 새로운 성장동력을 창출한다는 것이다. 즉 젊은 피를 관록의 선배에게 수혈하면서 자연스럽게 두 회사의 장점을 살린다는 의미에서는 좋은 취지라고 볼 수도 있다.

그러나 이러한 우회상장이 편법으로 활용되면서 많은 부작용을 낳고 있다. 이를 구체적으로 살펴보면 테마주라는 형태로 유행을 형성하고 이런 인기를 바탕으로 우회상장을 통해서 단기간에 손쉽게 기업을 상장시킨다. 그런 뒤에는 단기 시세차익을 챙겨서 치고 빠지거나 대주주의 변경으로 경영권을 획득해서 회사 자금을 불법·편법으로 운용하는 식의 머니 게임으로 악용하기도 한다.

이 과정에서 시세 조작과 경영권 분쟁, 기업 부실화 등으로 많은 일반 투자자들에게 피해를 주기도 한다. 최근에는 반도체, 전기자동차/배터리, 바이오와 엔터테인먼트, 블록체인 등과 관련된 종목에서 테마주라는 이름으로 이러한 편법적인 우회상장이 이루어지고 있는데, 특히 코스닥에서 이런 현상이 많이 발생하고 있다.

그런데 코스닥 시장을 통한 우회상장이 코스피 시장보다 월등하게 많은 이유는 코스닥 시장이 벤처기업의 육성을 위한 정책적 배려로 태동했기에 상대적으로 코스피 시장보다 등록 요건과 관리제도가 덜 엄격하기 때문이다. 그래서 일부 우량 대형주를 제외한 많은 코스닥 종목들이 이러한 제도적인 허점과 상대적으로 적은 자본 규모와 시가 총액 등으로 투기적인 목적의 머니게임에 쉽게 노출이 되어 있다.

또한 편법과 지분 싸움, 경영 악화 등으로 잦은 경영권 변동이 일어나기도 한다. 그래서 코스닥 시장은 이런 점을 노려서 상대적으로 부실한 기업이 상장하거나 편법으로 우회상장하기도 하고 투기세력이 몰려들어서 주가가 들쭉날쭉 하는 등 주가의 변동성이 높다.

이러한 변동성에 매력을 느껴서 높은 투자수익을 올릴 수 있는 기회가 많을 것이라는 생각으로 투자하는 개인투자자가 많다. 그래서 코스닥 시장은 기관과 외국인에 비해서 개인의 거래비중이 압도적으로 많다. 이들 개인투자자들은 안타깝게도 머니게임 선수들의 좋은 먹이감이 되고 만다.

허위공시, 검은 머리 외국인 등 방법도 다양한 주가 조작

한편 작전세력 내지 회사 내부의 기밀에 접근할 수 있는 세력들은 미리 주식을 매집해놓고는 그럴듯하게 포장해서 언론을 통해 대대적으로 홍보를 한다. 그러면 자세한 내막을 모르는 개인투자자들은 달콤한 유혹에 솔깃해서 해당 회사의 주식에 몰려들고 주가는 단기간에 급등한다.

그러고 나서 화려한 포장지 속의 빈약한 내용이 자세하게 밝혀지기 시작하면 주가는 다시 제자리로 돌아오거나 폭락을 하고 만다. 투기세력은 이미 시세를 조정해서 얻은 엄청난 이익을 챙기고 유유히 빠져나간 뒤다. 그들의 주식물량을 고스란히 넘겨 받은 개인투자자들은 쓰라린 피해를 보게 된다.

또 증시에는 '검은 머리 외국인'이 종종 화제가 되기도 한다. 검은 머리 외국인이란 국내의 특정 세력이 주식을 매수할 때에 국내 증권사를 통하지 않고 일부러 외국계 증권사를 통해 매수해서, 마치 외국계 자금이 매수한 것처럼 거래를 하는 것을 의미한다.

일반적으로 외국인투자자가 특정한 주식을 매수하면 뭔가 그럴듯한 이유가 있을 것이고 외국인이 사니까 주가가 오를 것이라는 기대대로 일반 투자자들이 외국인을 따라서 투자를 한다. 바로 이 점을 노리고서 특정한 작전 세력이 마치 외국인투자자인 것처럼 위장해 거래를 해서 소기의 목적을 달성하는 것이다. 그래서 한때는 특정 종목들의 경우 투자주체별 매매동향을 신뢰하기 어려운 상황이 벌어지기도 했다.

그래서 관계당국은 위에서 설명한 여러 문제점들을 해소하기 위해서 공정공시 제도를 시행하고 기타 여러 면에서 개선의 노력을 하고 있다. 그러나 아무리 관리감독을 철저히 해도 교묘하게 편법과 탈법을 일삼으며 선량한 투자자들을 현혹하는 세력들을 100% 막을 수는 없다. 투자자 본인이 스스로 조심하는 것이 최선의 방법이다.

우연히 알게 된 대박 정보는 알고 보면 사실 모두가 다 알고 있는 정보일 경우가 많다. 투자자 스스로 이러한 루머나 언론의 달콤한 유혹에 혹해서 소중한 자신의 돈을 충동구매 하는 것처럼 함부로 투자하는 우를 범하지 않도록 해야 할 것이다.

05

차트 분석을 이용한 투자비법은
착시 현상일 뿐이다

묻지마 투자로 쓴 맛을 본 최 과장은 우연한 기회에 차트 분석으로 대박 종목을 찾아낸다는 투자고수의 유튜브 영상을 보고는 '아하, 이런 게 있었구나!' 하면서 무릎을 쳤다. 그 후 그는 매일 밤잠을 설쳐가며 여러 종목의 차트들을 이리 보고 저리보고 분석하다가 어느 날 드디어 회심의 미소를 지었다.

'주가가 쌍바닥을 찍고 나서 이동평균선이 골든 크로스가 나면서 거래량이 점차 늘어나고 추세가 살아 있으면서 장대양봉이 발생하는 종목을 찾아 투자하면 대박이다!'

그러나 그가 그런 식으로 찾아서 투자한 종목들은 그에게 대박 대신 쪽박만을 안겨주고 말았다.

"주가가 쌍바닥을 찍고… 골든 크로스가… 추세가 살아 있으면서… 장대양봉이….”

이게 도대체 무슨 소리일까?

주식 투자를 위한 증시 분석에는 크게 차트를 분석해서 투자판단을 하는 기술적 분석, 경제동향과 국내외 뉴스 등 거시경제와 관련된 분석을 하는 기본적 분석이 있으며, 개별 기업의 내재된 잠재력과 가치 등을 여러 분석지표에 의해서 분석하는 가치분석 등의 방법이 있다.

주식 투자를 시작한 사람 대다수가 처음에는 증권사나 전문가 추천종목으로 투자를 한 뒤 나름대로 경험이 생기면 차트를 분석하기 시작하는데, 이를 기술적 분석이라고 한다.

위의 사례에서 최 과장이 한 것처럼 차트에 줄도 그어보고 차트의 모양이 특정한 패턴을 형성한 종목은 주가가 오를 확률이 높다고 판단해서 그런 종목을 찾아서 투자하는 것이 바로 일반적인 기술적 분석이다. 기술적 분석은 과거에는 수많은 종목의 차트와 보조지표를 일일이 수작업으로 분석을 해야 했기에 많은 수고와 노력이 필요했다. 그러나 최근에는 이러한 기술적 분석은 증권사의 홈 트레이딩 시스템(HTS)이나 모바일 트레이딩 시스템(MTS)를 이용해서 자동으로 간편하게 할 수 있다.

황금알 낳는 종목을 얼마든지 찾을 수 있다고?

기술적 분석 실시간 검색으로 원하는 종목 찾기   자료 : 이베스트투자증권

위 그림은 특정한 조건을 지정해서 원하는 기술적 분석지표와 종목을 찾아
내는 화면이다(장대양봉이 나온 종목을 검색). 간단한 조건을 지정해주면 컴퓨
터가 전 종목을 분석해서 최적의 결과를 순식간에 찾아내준다.

그렇다면 컴퓨터를 활용해서 황금알을 낳는 보조지표와 차트의 패턴에 적
합한 종목을 찾았으니 대박은 시간문제가 않을까? 그리고 최 과장은 상승을
하는 경우가 많은 차트 패턴과 비슷한 종목들을 찾아서 투자했는데 왜 투자
결과가 나쁜 것일까?

기술적 분석은 항상 뒷북을 친다

기술적 분석은 지나간 과거의 주가와 거래량, 보조지표 등이 표시된 차트를 분석해서 향후 주가의 방향을 예측하는 방법이다.

"○○ 형태의 차트 모양을 한 종목들은 나중에 주가가 어떻게 될 확률이 높다"는 식으로 분석한다. 차트에 선을 긋고 그림을 그린다.

그런데 이것은 '과거는 반복되고 주가는 일정한 추세를 가지고 움직인다'는 전제가 필요하다. 이런 전제를 토대로 수많은 종목의 지나간 차트를 분석해서 주가 상승의 확률이 높은 차트의 패턴을 도출한 뒤에 그와 비슷한 모양의 궤적을 그리면서 움직이고 있는 종목을 찾아서 투자하면 주가가 상승하기 때문에 투자에 성공할 수 있다.

주가는 한 번 움직이면 같은 방향으로 움직이려고 하는 성향이 있는데, 이를 추세라고 한다. 그래서 추세를 파악해서 추세를 따라서 큰 파도의 흐름에 몸을 맡기면 알아서 수익의 열매를 거둘 수 있다는 것이다.

그런데 차트상에서 확인되는 추세라는 것은 시간이 지나고 나야 그것이 추세인지 아닌지 알 수 있는 것이지, 그 당시에는 이것이 추세인지 아닌지 알 수가 없다는 맹점이 있다.

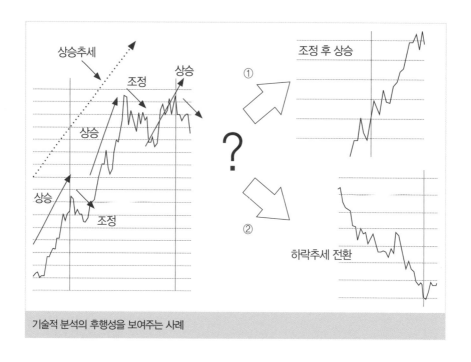

기술적 분석의 후행성을 보여주는 사례

위 차트의 왼쪽 부분을 보면 주가는 상승과 조정을 반복하면서 상승추세를 형성하고 있다. 그런데 마지막 부분에서 주가가 하락하고 있다. 그렇다면 과연 〈?〉로 표시된 지금의 상황은 재차 상승을 하기 위한 조정의 시점인 것인가? 아니면 하락추세로 전환되는 시점인 것인가?

안타깝게도 그 당시에는 그것을 판단할 수가 없다. ①의 경우처럼 재차 상승을 지속하면 그것이 조정이지만, ②의 경우처럼 하락이 지속되면 그것은 조정이 아니라 하락추세의 시작을 알리는 추세 전환신호이다.

이처럼 차트는 현재 시점에서는 추세를 제대로 파악할 수가 없고 시간이 흐르고 나야 그 시점이 '조정 후 상승'을 알리는 것이었는지, '하락추세의 전환'이었던 것인지 명확한 자기 이름이 정해진다. 실시간으로는 박쥐처럼 애매한 모양을 보여주기 때문에 나중에 결과를 봐야 어떤 상황이었는지 제대로 파악이 된다는 것이다.

이런 이유로 차트분석을 맹신하는 사람들은 과거의 주가 움직임에 대한 원인과 결과분석은 기가 막히게 잘하지만 막상 실전에 들어가면 '이게 왜 이러지? 이게 아닌데?' 하면서 시간이 지나고 나서야 이 포인트가 주가가 추가 상승을 위한 조정의 시점이었고 저기가 하락추세의 전환점이었다고 뒷북을 친다. 그러면서 후회하고 다시 다른 차트 모양을 분석하고 종목을 찾아서 투자하지만 결과는 언제나 비슷하다.

TV드라마 재방송을 보면서 지난 스토리 줄줄 얘기하는 것은 누구나 할 수 있다. 그러나 생중계로 방송을 볼 때는 손흥민 선수가 골을 넣을지 못 넣을지 아무도 알 수 없다. 답을 모르고는 문제를 풀기가 어렵지만 답을 미리 보고 문제를 풀면 누구나 정답을 맞출 수가 있다. 차트를 통한 기술적 분석은 과거 주가의 움직임이 고스란히 담겨 있는 차트를 보고 분석을 하기 때문에 답을 알고 문제를 푸는 셈이다.

주가는 항상 제멋대로 움직이고 그 방향을 미리 알 수 없기 때문에 주가의 움직임을 '랜덤워크(Random Walk)'라 부르기도 한다. 술 취한 사람이 어디로 비틀거릴지 누구도 알 수 없는 것과 마찬가지다.

기술적 분석은 개별 기업의 특수성이 간과되는 한계

기술적 분석은 후행성이라는 한계 외에도 개별 종목의 특수한 상황을 간과하게 된다는 한계가 있다. 체격이 좋다고 모두 훌륭한 운동선수가 되는 것이 아닌 것처럼 각 개인의 능력이나 자질 등을 파악해야 하는데, 기술적 분석은 덩치 좋다고 무조건 프로선수로 대성하기를 바라는 것과 같은 오류를 범하게 된다. 감기약 먹고 기침이 멈췄다고 기침할 때마다 감기약을 남용하는 것이 바람직할까? 기침을 하는 이유는 여러가지가 있다. 그래서 그 이유를 알고 거기에 맞는 처방을 받아서 약을 먹어야 하는데, 우연하게 감기약 먹고 기침이 멈췄다고 해서 기침이 날 때마다 무조건 감기약 먹고 기침이 멈추기를 바랐다가는 병을 키우는 화를 자초할 수 있다.

마찬가지로 차트나 보조지표의 움직임이 비슷하다고 해당 종목의 주가가 모두 동일하게 움직일 수는 없다. 기업은 개별적인 내부 상황과 해당 기업이 속한 업종의 상황에 따라서 다른 실적을 보이고 그에 따라서 다른 주가 움직임을 보이게 되는 것이지 차트 때문에 주가가 움직이는 것은 아니다.

기술적 분석은 참고자료일 뿐, 정답은 아니다

기술적 분석은 이러한 한계가 있음에도 불구하고 차트의 패턴만 도출하면 아무 종목에나 적용해볼 수 있다는 장점 때문에 적용범위가 넓어서 묻지마 투자 수준을 벗어난 개인투자자에게는 마치 대단한 요술방망이처럼 느껴지게 된다.

그래서 개인투자자가 기술적 분석에 눈을 뜨면 처음에는 엄청나게 열광하지만, 이 방법만으로는 주식 투자에 성공할 수가 없다.

신중한 주식 투자를 위한 차원에서 기술적 분석을 참고하는 것은 문제될 것이 없지만 무조건 차트만을 맹신하는 것은 투자의 시야를 좁게 만들 뿐만 아니라 차트만능주의에 빠져서 항상 뒷북을 치고 만다는 것을 알아야 한다.

금리는 우리나라 '돈줄'의 흐름을 좌우하는 중요한 변수이기 때문에 정부가 개입해서 조절을 하기도 한다. 시중에 자금이 넘친다 싶으면 금리는 하락세를 보이고, 자금이 부족하다 싶으면 금리는 상승세를 보인다. 금리가 높을 때는 주가가 하락하며, 저금리 기조로 들어서면 주가가 상승하는 것이 일반적이다. 이처럼 시중금리와 주가는 서로 반대로 움직이는 경향이 있다.

제4강

무엇이 주가를
올리고 내리는가?

시장이 급등락하는 이유는
사람의 심리 때문

주식시장은 항상 다양한 이유로 상승하거나 하락하기도 하고, 큰 변동성 없이 작은 등락을 거듭하면서 횡보하기도 한다. 잔잔한 호수와 같은 모습을 보여주다가 어느 날 갑자기 바닥을 알 수 없는 끝없이 폭락하기도 하고, 반대로 마치 천장을 뚫고 나갈 듯이 급등하기도 한다.

도대체 주가는 왜 이렇게 요동을 치는 것일까?

증시를 움직이는 가장 큰 변수는 사람의 심리

증권시장을 움직이는 변수는 매우 많다. 증시는 환율, 금리, 기업의 실적 같은 경제적인 변수들 외에도 정치, 국제 정세, 천재지변 등등 수많은 사건

사고와 쏟아지는 뉴스에 시시각각으로 영향을 받는다. 그런데 거기에 증시를 움직이는 가장 중요하면서 예측 불허의 변수가 하나 더 추가된다.

그것은 바로 인간의 심리인데, 증시에 가장 중요한 요소로서 작용한다. 왜냐하면 주식시장은 증권거래소와 증권회사를 통한 거래시스템을 이용해서 거래가 되지만 주식시장에 참여하는 주체는 개인이나 기관, 외국인이라 할지라도 결국 모두 사람이기 때문에 주식시장을 움직이는 가장 중요한 변수는 바로 사람의 심리가 된다. 이로 인해 주가는 그야말로 춘추전국시대 같은 상황이 되어버린다.

사람마다 성향이 다르고 똑같은 영화를 보거나 음악을 들어도 평이 다른 것처럼 증시와 관련된 똑같은 상황과 정보에 대해서도 그것을 이해하고 판단하는 기준이 사람마다 다르다. 그래서 주가는 사람의 심리를 포함한 수많은 변수의 변화무쌍한 조합으로 움직이게 되어 그 누구도 명확한 수학공식의 답을 푸는 것처럼 맞출 수가 없는 것이다. 그리고 사람의 심리라는 것도 얼핏 보면 이성적이고 합리적인 듯이 보이지만 주식시장에 참여하는 사람들의 이면에는 '돈'이라는 욕망이 자리잡고 있다.

사람들은 탐욕과 공포라는 비이성적인 정서에 휘둘리기 때문에 주가는 언제나 절묘하게 사람들의 판단을 비켜나가는 일이 비일비재하게 일어난다. 이러한 예는 전 세계적으로 수많은 증시 역사를 통해서 검증되었고 비슷한 양상으로 계속 반복되고 있다.

1999년 우리나라 증시는 전 세계적인 IT 열풍으로 뜨겁게 달아올랐다. IMF 외환위기를 겪으며 1998년 중반 200대까지 떨어진 코스피가 1000선까지 상승해 연일 언론에서는 2000을 간다고 전망했다. 어디를 가도 주식에 관한 이야기가 넘쳐흘렀으며, 아무 주식이나 사기만 하면 끝도 없이 상승을 해서 떼부자가 될 것 같은 분위기가 팽배했다.

그렇지만 주가는 2000년에 들어서자 끝없이 하락하기 시작했다. 수많은 전문가의 그럴듯한 예측과 순진한 투자자들의 야무진 꿈을 무참하게도 짓밟았다. 이때도 대부분 '일시적인 하락'이라느니 '잠시 숨 고르기를 한 후에는 오히려 전보다 더 강하게 상승한다'느니 하면서 사람들은 스스로에게 최면을 걸고 밑 빠진 독에 물 붓기 하는 듯이 계속해서 주식에 돈을 퍼부었다.

그런 기대와 예측을 비웃기라도 하는 듯이 주가는 수많은 사람들의 꿈과 재산, 삶과 가정을 물귀신처럼 송두리째 틀어쥐고는 끝을 알 수 없는 바닥으로 내동댕이쳐버렸다. 결국 2000년 말에 코스피 지수는 500선까지 하락했고 코스닥 지수는 무려 1/6 토막이 나버렸다. 모두들 대박의 꿈에 들떠서 탐욕에 눈이 먼 순간 수많은 사람을 파멸의 구렁텅이로 몰아넣은 비극적인 드라마는 이미 시작되고 있었던 것이다.

모두들 엄동설한으로 떨 때 주가는 봄의 새싹을 틔운다

이와는 정반대의 사례도 있다. 2001년 미국에서 9·11 테러가 발생하자 우리나라 증시는 다음날 테러의 여파로 인한 폭락 사태를 염려하여 평소보다

늦은 정오에 개장했다. 그러나 개장을 하자마자 증시가 너무 하락할 경우 거래를 잠시 중단시키는 서킷브레이커(Circuit Breakers)가 발동될 정도로 폭락해서, 코스피 지수는 전날보다 64.97포인트(12.02%)나 폭락한 475.60으로 마감했다.

주눅이 든 투자자들이 모두 투매에 나섰다. 3차 대전이라도 터질 것 같은 분위기에 증시는 폭격을 맞은 것처럼 속수무책으로 한없이 하락한 것이다. 이후에도 투자자들은 공포에 사로잡혀서 연일 투매를 하고 주가 전광판은 온통 하한가로 도배가 되었다. 전문가들은 앞으로 주가는 도저히 상승할 수 없다는 비관론 일색이었다. 그렇지만 그 이후 주가는 사람들의 공포와 예상을 비웃기나 하는 듯이 계속 상승했다. 불과 몇 달 만인 2002년 4월 17일에는 코스피 지수가 930을 돌파했다.

공포에 사로잡힌 사람들의 외면으로 세찬 눈보라만 몰아치던 황무지 같은 증시에서, 주가라는 녀석은 살아 있는 생명체처럼 대세상승이라는 찬란한 봄날의 새싹을 이미 틔우고 있었던 것이다.

폭락장에도 신고가 종목 있고, 폭등장에도 신저가 종목 있다

9·11 테러가 발생한 다음날 모든 종목이 하락했을까? 정답은 'No!'다. 대부분의 사람이 공포와 탐욕이라는 비이성적인 심리상태로 투매를 할 때, 이들과는 반대의 판단으로 투자의 기회를 발견하는 사람들도 있다는 것을 알아야 한다.

테러의 공포 분위기 속에서도 당시 코스피 시장과 코스닥 시장의 1500여 개가 넘는 종목 중에서 37종목은 오히려 상승했다. 세계적인 정세 불안과 경기위축이 우려되는 상황에서도 오히려 그러한 분위기로 인해서 반사이익을 보는 방위산업이나 방재산업과 관련된 종목들에 투자하면 좋을 것이라고 판단한 사람들로 인해서 관련 종목들은 상승한 것이다.

그렇다면 최근에는 어땠을까? 코로나19 사태로 인해 전 세계적인 패닉상태가 지속되면서 우리나라 증시도 영향을 받았다. 2019년 연말과 2020년 초에 2200대를 넘나들던 코스피 지수는 코로나19 사태로 폭락해서 2020년 3월에는 1430대까지 하락하기도 했다. 이때 많은 사람들은 더 하락할 것이라면서 이제 증시는 끝장났다는 분위기가 팽배했다. 전문가들도 저마다 더 많은 폭락을 예고했다.

하지만 어떻게 되었는가? 이런 예상을 비웃기라도 하는 듯이 지수는 이내 돌아서서 무서운 상승랠리를 이어갔다. 증시는 사람들 예상을 비웃고 폭등했다. 같은 해 6월달에는 기존의 지수대를 회복했고, 여기에 더해서 11월부터는 연일 사상최고치를 경신하면서 폭등해서 2021년 1월에는 3200대를 돌파하는 새로운 역사를 쓰기도 했다. 이쯤 되자 전문가들은 언제 그랬냐는 듯이 더 많은 상승을 외치고 있고, 사람들은 저마다 주식 투자에 나서지 않으면 손해를 볼 것 같은 분위기에 너도나도 돈을 끌어 모아서 주식시장에 퍼부어대고 있다.

코로나19 사태로 폭락 후에 최고치 경신하며 급등한 코스피 지수 | 자료 : 이베스트투자증권

탐욕과 공포에 휩쓸리지 않는 자기수양이 필요하다

위에서 설명한 것처럼 똑같은 상황과 현상을 보고도 사람들의 심리는 다르게 작용을 하고 다른 판단을 한다. 이러한 사람들의 심리 차이로 인해서 주식시장은 묘한 균형을 이루면서 굴러가게 된다. 그래서 주가는 인간의 가장 본능적인 심리인 탐욕과 공포를 비웃으며 자기 마음대로 움직이는 심리전의 대가라고 할 수 있다.

이런 점을 볼 때 주식 투자로 성공을 하기 위해서는 그 어떤 복잡한 분석이나 어려운 용어에 대한 공부보다는 사람들의 심리를 파악하고 자신의 마음을 잘 다스리는 것이 훨씬 중요하다고 볼 수 있다.

"마음을 비우니 세상이 보인다"는 말이 있다. 귀담아들어야 할 소중한 인생 교훈이기도 하다. 주식 투자로 성공을 하려면 먼저 욕심을 버려야 할 것이다. 욕심을 버리면 공포에서도 자유로울 수 있고 투자의 길도 보이게 된다. 주식 투자는 결국 다른 사람들을 물리쳐야 하는 싸움이 아니라 탐욕과 공포를 이겨내야 하는 나와의 승부인 것이다.

02

악재는 나쁘고, 호재는 좋다?
과연 그럴까

앞에서 우리는 주가가 변화무쌍하게 움직이는 것은 사람의 심리가 작용하기 때문이며, 그런 심리는 여러 가지 변수에 의해서 달라진다는 것을 살펴보았다. 그리고 우리 증시의 변수 중에는 국제유가와 미국의 금리 등이 있고 많은 영향을 미친다.

그렇다면 이러한 요인들 중에 시장에 악영향을 미치는 악재는 항상 큰 상처를 주는 악역만 할까? 그리고 시장에 힘을 실어주는 호재는 항상 천사 같은 역할을 하는 것일까?

똑같은 시험문제가 매번 말만 살짝 바뀌어서 출제된다면 누구나 항상 좋은 점수를 받을 수 있을 것이다. 그런 시험으로 제대로 된 평가를 할 수 있을까? 마찬가지로 증시가 항상 그렇게 똑같은 호재나 악재에 항상 같은 모습으로 규칙적으로 반응한다면 누구나 공식대로 투자해서 성공하지 투자에 실패할 사람은 없을 것이다.

악재는 영원한 악역을 하고 그 충격의 범위가 똑같다면 누구나 동일한 판단과 매매를 하게 될 것이고 한 방향의 사람들만 줄을 서게 되어 거래시스템 자체가 성립되지 않게 될 것이다.

국제 유가의 급등락은 상황에 따라 증시에 미치는 파장이 다르다

과거 1970~80년대에는 국제 유가가 조금만 급등하면 우리 경제와 증시는 한겨울에 동파된 수도관처럼 순식간에 얼어붙기 일쑤였다. 이 시기에 국제 유가 급등으로 발생한 오일쇼크는 우리 경제를 한없이 움츠러들게 했다. 이로 인한 증시의 충격파는 엄청났고, 전등 끄기, 걸어 다니기, 물자 아껴 쓰기 등의 사회 계몽운동을 유발시켰다.

국제 유가의 움직임에 따라서 울고 웃었던 우리 경제와 증시는 1990년대 들어오면서 변화하기 시작했다. 이 기간 동안에 국제 유가는 3번의 급등과 3번의 급락이 있었다. 1990년에 걸프전이 발발했을 때의 1차로 유가가 급등했을 때 우리나라를 포함해서 전 세계적으로 증시가 하락했다. 반면에 2차와 3차 유가 급등 때는 IT 산업 성장과 미국과 중국 등 전 세계적인 경기 호조에 힘입어 증시가 상승했다.

특히 2002년 이후의 3차 급등 때는 유가가 18달러에서 76달러로 300% 넘게 폭등하는 와중에서도, 우리나라의 코스피 지수는 700대에서 1289포인트까지 약 82%가 넘는 상승을 했다.

국제 유가가 급락하면 그 자체는 증시에 매우 좋은 호재다. 그럼에도 불구하고 2차 유가 급락시에는 우리나라를 포함해서 동남아시아를 휩쓴 외환위기로 인해서 우리 증시는 오히려 하락했다. 3차 유가 급락 때는 외환위기를 어느 정도 극복하고 국가신용등급도 향상이 되면서 코스피 지수가 537포인트에서 670포인트로 약 24.7% 상승하기도 했다.

2007년에도 국제 유가는 고공행진 중임에도 불구하고 우리나라 증시는 2007년 5월에 코스피 지수가 사상 처음으로 1600포인트를 돌파하기도 했다. 물론 2002년에 1300원이던 원달러 환율이 2007년에는 930원대가 되면서, 원화가치의 상승으로 고유가에 대한 부담이 감소하고 기업들의 수출 증가와 수익성 향상이 기여한 점도 한몫했다. 또한 석유 의존도가 상대적으로 낮은 전기 · 전자와 정보통신 등 IT 산업이 국내 산업의 주력으로 자리 잡은 점도 있다.

그리고 최근에는 국제유가의 급등락에도 우리 증시는 예전에 비해서 단기적인 충격으로 끝나는 경우가 많아졌다. 예전에 비해서 경제력이 향상되면서 '경제체력'이 증대된 점이 반영되기 때문이다.

이처럼 국제유가라는 변수는 과거에는 급등 때는 악재로, 급락 때는 호재로 작용을 하면서 경제와 증시에 단기적으로는 큰 영향을 미쳤지만 그 여파의 기간과 폭은 정형화된 형태로 일괄적으로 작용을 하고 있지는 않다. 그리고 그 영향도 과거와는 사뭇 다른 양상을 보여주고 있다.

갈수록 단기로 끝나는 북한 이슈의 충격파

호재와 악재가 항상 동일하게 증시에 적용되지는 않는 또 다른 예를 들어보면 북한과 관련된 이슈가 있다. 과거에는 북한과 관련된 안보문제가 발생하면 생필품을 사재기하느라 점포가 장사진을 이루고, 금방 전쟁이라도 날 것 같은 분위기가 되었다. 온 사회가 호들갑을 떨면서 증시는 폭락 속에서 헤어나오지 못했다.

반면에 최근 늘어서는 우리 경제의 토대가 건실해지면서 북한 관련 문제로 인한 증시의 충격파도 웬만해서는 단기적인 충격으로 끝나고 다시 원래의 분위기를 금방 회복하는 경우가 많아지고 있다.

북한이 2006년 7월에 미사일을 발사하고 10월에는 핵실험을 강행하면서 위기가 고조되었다. 핵실험 당일 코스피 시장은 −2.41%, 코스닥 시장은 −8.21% 급락했다. 그렇지만 이내 증시는 회복세를 보였고 오히려 상승해서, 과거 기준으로 볼 때는 '슈퍼 악재'라고 볼 수 있는 북한의 핵실험은 결국 단기적인 충격으로 끝났다. 물론 이런 결과는 우리 국민이 북한 문제에 대해서 갈수록 둔감해지고 있기 때문이기도 하다.

최근에도 북한의 핵실험과 남북과 북미 정상회담 등으로 냉탕과 온탕을 오고 가는 정세 속에서도 증시는 단기적인 반응을 보이고는 이내 평소의 흐름으로 돌아오고 있다.

호재와 악재는 뒤바뀌기도 한다

과거에는 큰 충격을 주었던 악재가 현재에는 견딜 만한 악재가 되기도 하고, 별 신경 쓰지 않는 악재가 되기도 한다. 반대로 과거의 호재가 항상 호재로서 큰 약효를 발휘하지 못하기도 한다. 그리고 코로나19라는 초유의 악재처럼 전혀 생각하지도 못했던 호재와 악재가 새로 생겨나기도 한다.

호재와 악재라는 것도 시시각각으로 변화하는 시장 상황에 따라서 탄력적으로 그 효과와 충격파의 규모가 달라지게 된다는 것이다. 그러니까 악재라고 무조건 걱정하고 호재라고 무조건 호들갑을 떨 필요는 없다.

호재와 악재라는 것도 알고 보면 야누스처럼 그 속을 알 수 없는 양면의 얼굴을 가진 셈이다. '새옹지마'라는 고사성어를 생각해보면 증시 움직임의 이중성을 이해하기 쉬울 것이다.

03

개인·기관·외국인투자자의
다른 특성, 다른 반응

주식시장에 참여하는 대표적인 세 가지 주체는 개인과 기관 그리고 외국인이다. 이들 3주체는 증시에서의 투자행태가 매우 다르고, 심지어는 정반대의 모습을 보이기도 한다. 이들은 서로 치열하게 치고 받기도 하고 때로는 서로 밀고 끌면서 우리 증시를 지탱하고 이끌어가는 수레바퀴 같은 떼려야 뗄 수 없는 역할을 하고 있다.

주식시장의 인간지표, 개인투자자의 놀라운 '거꾸로' 실력

개인투자자는 증시가 상승하면 망설이고 주저하다가 주가가 거의 고점에 이르러서야 더 이상 참지 못하고 투자의 마지막 대열에 서서 매수를 한다. 반대로 증시가 하락하면 '설마?' 하면서 주식을 매도하지 못하고 움켜쥐고 있다가, 주가가 거의 바닥에 도달하면 그때서야 더 이상 버티지 못하고 팔아버리고 마는 매매행태를 보여준다.

2000년 이후 개인이 증시에서 순매수(주식을 내다판, 즉 매도한 금액보다 더 많이 사서 총 매수금액이 많은 경우)한 날은 하락하고 반대일 경우는 상승하는 등 개인의 순매수 동향과 지수의 움직임이 반대로 가는 경우가 65%에 달했다. 개인이 열심히 주식을 사는 날은 코스피 지수가 하락하고 반대로 주식을 파는 날에는 코스피 지수가 오히려 상승해서 개인의 매매행태와는 정반대의 움직임을 보여주고 있다.

눈 감고 동전을 던져도 절반은 맞추는데 '거꾸로 맞추는 경우'가 무려 65%에 달한다니, 개인과 반대로만 하면 최소한 손실이 날 일은 없을 정도의 놀라운 확률이다. 또한 개인이 집중적으로 사는 순매수금액 상위종목들은 주가가 하락하고, 반대로 개인이 파는 (순매도금액 상위) 종목들은 주가가 상승하는 현상이 끊임없이 반복되고 있다.

하지만 2020년 대세상승 시기에 개인투자자는 이른바 '동학개미'라는 이름으로 지수상승을 이끌면서 이런 오명에서 벗어나려는 모습을 보이기도 했다. 과연 이런 변화가 주식시장에서 지속적인 모습으로 나타날지는 지켜볼 일이다.

우리나라 증시를 좌지우지하는 외국인의 힘

우리나라 주식시장은 외국인에게 본격적으로 개방되면서 외국인투자자가 주식시장의 주요 세력으로 부상했다. 이들은 첨단금융기법과 전 세계를 망라한 글로벌한 정보력, 막강한 자금력으로 무장하고는 시장을 주도하기 때문에 주식시장에 미치는 영향력은 그 어떤 투자주체보다 크다.

그리고 외국인은 대부분 개인이 아닌 투자신탁과 같은 투자전문회사들이 많으며 환율의 변동에도 큰 비중을 두고 투자를 하고 있다. 그래서 개인이나 기관과 달리 환율과 전 세계적인 금융동향에 촉각을 곤두세우고 고도의 정보력으로 항상 한발 앞서서 증시를 주도해나가고 있다. 이러한 영향력 때문에 외국인의 투자동향과 최근에 어떠한 종목을 집중적으로 매수 혹은 매도하는지를 파악해서 투자에 참조하는 것이 이제는 새로운 일도 아닌 당연한 것처럼 받아들여지고 있다.

물론 외국인이 항상 수익을 낸다는 보장도 없고 그들도 구성과 특성이 다양하기 때문에 손실을 보기도 한다. 그렇지만 일반적으로 외국인이 강하게 매수하는 종목은 상승하는 경향이 많고, 외국인이 사면 또 그 뒤를 이어 기관과 개인들이 매수에 나서기도 한다.

그래서 초보투자자는 분위기에 휩싸여서 투기성 종목을 쫓아다니기보다는 차라리 외국인들이 선호하는 종목 위주로 투자를 하는 것이 중간 이상은 가는 투자방법이라고 할 수 있다.

눈치만 보는 복지부동으로 안방을 내준 기관투자자

외국인이 첨단 투자기법과 막대한 자본력으로 우리 증시를 좌지우지해도 속수무책인 것은 증시를 지탱해줄 든든한 세력이 없었기 때문이다. 개인은 거꾸로 몰려다니고, 국내 기관투자자의 투자 여력은 부족하고 유일하게 대규모 투자 여력이 있는 연기금은 주식 투자를 제한하는 여러 제도로 인해서 제대로 투자를 하지 못했던 것이 현실이다.

우리나라 기관투자자의 발목을 잡고 있는 또 다른 요인 중의 하나는 장기적인 투자전략보다는 단기적인 성과에 집착하게 만드는 제도상의 문제이다. 선진국처럼 장기적인 전략이나 투자에 대한 비전을 가지고 소신투자를 하기가 어려운 실정이다. 그래서 정부당국은 최근에는 연기금의 주식 투자 비중 확대에 많은 관심과 노력을 기울이면서 기관투자의 저변확대를 위한 노력을 하고 있다.

주체별 투자동향으로 우등생에게 배우고 낙제생과 차별화해야

증권사 HTS는 투자주체별로 집중적으로 매수 혹은 매도하는 종목들을 금액이나 수량 등의 기준으로 순위를 매겨서 간편하게 볼 수 있는 기능을 제공하고 있다. 이런 정보를 이용해서 증시의 우등생인 외국인이 지금 주식을 사들이고 있는지 혹은 팔고 있는지, 어떤 업종과 종목에 집중적으로 투자를 하고 있고, 어떤 종목에서 발을 빼고 있는지를 확인해서 참조하는 것이 좋다.

우리는 개인투자자이지만 개인들의 매매행태를 벗어나야 이 시장에서 성공할 수 있다. 개인의 투자행태를 분석해서 틀릴 확률 65%라는 오명에서 벗어나야 한다. 참으로 씁쓸한 일이지만 어쩔 수 없는 현실이다.

외국인에게 배우고, 개인의 쏠림 현상만 피해가도 다른 그 어떤 분석이나 이론보다 더 안전하고 확실하게 이 시장에서 성공할 수 있다. 수많은 개인의 실패담과 외국인의 성공사례를 통해서 이는 검증되었고 또한 지금도 반복되고 있는 안타깝지만 엄연한 현실이다.

경기선행지수는
주가에 어떤 영향을 미칠까?

'통계청에서 발표한 경기선행지수에 따르면 ○○ 지수와 ○○ 지수 등 대부분
이 ○○% 하락해서 향후 경기에 대한 전망이 어두운 것으로 나타났다.'

    신문방송에서 단골로 접하게 되는 경제관련 뉴스이다. 경기선행지수란 무
엇이고, 어떤 원리로 이 선행지수에 의해 향후 경기가 좋고 나쁨을 예상하는
것일까?

경기와 주가의 흐름을 알려주는 신호등, 경기선행지수

경기선행지수는 통계청에서 매월 발표하는 통계자료로, 경제활동을 나타내는 지표이다. 산업활동과 주택동향, 금융통화현황 등 각종 경기관련지표의 흐름을 종합적으로 따져 6개월 후의 경기흐름을 가늠한다. 그래서 선행지수가 전월보다 올라가면 경기상승, 내려가면 경기하강을 예상할 수 있다.

경기선행지수가 상승하면 경기활성화가 기대되므로 주가가 상승하고, 반대로 경기선행지수가 하락하면 경기침체가 예상되어 주가가 하락하는 경향이 있다. 특히 경기선행지수가 하락할 때 주식시장도 함께 하락했던 경우가 많다.

IMF 외환위기나 IT 버블 붕괴, 2008년 글로벌 금융위기 등 큰 위기가 닥쳤을 때 경기선행지수 하락기간도 길었고 주가 하락 폭도 컸다. IMF 시기에는 7개월가량 매월 -4.4%씩 주가가 폭락했고, 글로벌 금융위기 때는 경기선행지수 하락기간이 13개월이었으며, 이 기간 동안 주가도 매월 -3.2%씩 총 -41%가량 하락했다.

주식 투자를 위한 경제분석은 모든 기업의 경영성과에 영향을 미치는 경제지표를 분석함으로써 이러한 지표들과 주식시장의 흐름을 파악하는 것이다. 주식시장에 영향을 미치는 대표적인 경제지표로는 경기, 국민소득, 환율, 국제수지, 통화량, 물가, 금리 등이 있다.

경기변동의 4순환과 한 박자 빠른 주가지수

경기는 항상 호황일 수도 없지만, 반대로 항상 불황을 이어가지도 않는다.

냉탕과 온탕을 오가듯이 호황과 불황을 반복하면서 진행되는데 여기에는 4가지 경기전환의 국면이 있다.

경기변동은 일반적으로 불황기 ⇨ 회복기 ⇨ 호황기 ⇨ 쇠퇴기의 순서로 순환을 반복한다. 주식시장도 마찬가지로 같은 순서로 주가가 등락을 하는데, 특이한 것은 일반적으로 주가의 순환이 경기의 순환보다 한 박자 빠르게 형성된다는 점이다. 아래 그림에서 보듯이 주가는 미래의 가치를 선반영하는 경향이 강하기 때문에 경기순환보다 한발 앞서 진행된다.

그래서 호황기에서는 경기가 최고조에 달하기 전에 주가가 상승세에서 하락세로 접어들기 시작한다. 또한 경기가 불황기에서 회복기로 접어들기 이전에 주가는 이미 하락세에서 상승세로 반전하는 양상을 보인다. 그래서 경기선행지수에 관심을 가지고 경기변동에 선행되는 주가의 순환방향과 주기를 파악하면 투자 판단에 많은 도움이 된다.

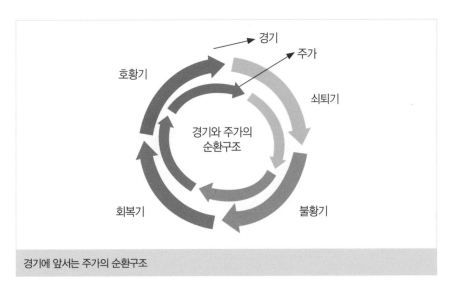

경기에 앞서는 주가의 순환구조

경제규모 증가와 비슷하게 상승하는 주가지수

경제가 활성화되고 성장하면 이는 바로 주가상승으로 이어진다. 경제성장은 소비와 투자를 증대시킴으로써 기업의 예상수익을 증가시키는 역할을 하기에 기대심리가 주가를 끌어올린다. 또한 경제성장으로 늘어난 자금이 주식시장에 유입되면 자금유동성이 풍부해져서 주가를 끌어올리는 역할을 한다.

이렇듯이 넓게 보면 주가는 경제와 떼려야 뗄 수 없는 관계이기에, 우리 경제가 활성화되고 국부가 늘어나는 만큼 증시도 그에 비례해서 성장하고 있다. 좁게는 자신의 회사나 가게의 영업상황, 장바구니 물가, 주변 사람들의 생활형편을 살펴보면 주가의 향방을 알 수 있는 셈이다.

환율 등락은 주가와
어떤 관계가 있을까?

상점에서 물건을 사고 팔 때 물건 값이 1000원이라면 1000원을 지불하고 물건을 받으면 거래는 끝난다. 그런데 외국과 거래를 할 때는 어떻게 해야 할까?

국제상거래는 일반적으로 가장 많이 사용되는 미국 달러로 거래를 한다. 그런데 이때 복잡한 상황이 발생한다. 1달러를 각국이 사용하는 자국 돈으로는 얼마의 가치로 쳐서 교환하느냐가 하는 중요한 문제가 생긴다.

환율은 동전의 양면처럼 장단점이 있다

2021년 2월 기준 원달러 환율은 1106원이다. 1달러의 가치가 우리나라 돈

1106원의 가치와 같다는 의미다. 국내에서 1100원 하는 물건을 해외에 내다 팔면 1달러를 받을 수 있다.

그런데 1997년 IMF 외환위기 초기에는 환율이 1900원대에 달하기도 했다. 우리나라에서 2천원가량 하는 물건을 팔아야 1달러를 받는 시절이었다. 원화 가치가 반 토막이 되었던 것이다. 환율상승은 우리나라 화폐의 가치가 떨어지고, 환율하락은 우리나라 화폐의 가치가 올라가는 것을 의미한다.

그렇다면 원달러 환율이 500원이 되면 어떨까? 환율은 동전의 양면과 같다. 환율을 500원으로 하면 1000원 주고 수입하던 제품을 500원에 수입할 수 있으니 유리하다. 반면에 외국으로 수출할 때는 가격이 두 배로 뛰는 현상이 생기기 때문에 불리하게 된다.

우리나라는 자원이 빈약해서 해외에서 원유를 비롯한 원자재를 들여와서 물건을 만들어 해외에 수출하는 것이 주된 산업 형태이다. 그래서 수입되는 원자재 가격이 내려가면 유리하지만 완제품을 만들어서 수출할 때는 불리하게 된다.

그래서 환율은 무조건 오른다고 좋은 것도 아니고, 무조건 내린다고 나쁜 것도 아니다. 시장에 충격을 주지 않는 선에서 적당한 선을 유지하는 것이 바람직하다.

환율 변동에 따른 변화

원/달러 환율	환율	원화가치	수출	수입
1000원 ⇨ 2000원	↑	↓	↑	↓
1000원 ⇨ 500원	↓	↑	↓	↑

주가에 장단기적으로 다른 영향을 주는 환율

환율이 상승해서 원화가치가 하락하면 수출에 긍정적인 영향을 주기 때문에 무역수지 흑자 등으로 장기적으로는 주가가 상승할 확률이 높다. 하지만 국내에 투자한 외국인들 입장에서는 환율 차이로 인한 손해(환차손)가 발생하게 된다. 그래서 외국인투자자의 자금이 썰물처럼 빠져나가며 단기적으로는 시장에 충격을 주는 일이 발생하기도 한다.

반대로 환율이 하락하면 외국인투자자의 자금이 밀려오면서 단기적으로는 증시에 긍정적인 영향을 미친다. 반면에 수출채산성이 악화되고 수입이 증가하면서 무역적자가 발생해서 기업실적이 나빠지면서 많은 기업들의 주가가 하락하는 현상이 생기기도 한다.

그래서 환율변동은 무조건 증시에 좋다 나쁘다고 판단하기보다는 단기와 장기로 나눠서 판단하는 것이 바람직하다.

또한 환율 차이를 노리는 국제적 투기자본이 개입되어 환율을 출렁거리게 하면서 시장에 충격을 주기도 하기 때문에 환율만 가지고 주식시장의 상승과 하락을 판단하는 것은 무리가 있다.

환율에 따라 희비가 엇갈리는 업종·종목들

환율변동에 따라 업종별로 희비가 엇갈리기도 한다. 수출의존도가 높은 IT·전자(반도체), 자동차(부품) 같은 업종은 환율이 하락(원화가치 상승)하면 수출가격이 상승하므로 해외시장에서 판매량이 줄어들어 실적이 악화된다. 그러면 주가도 힘을 쓰지 못하고 하락하는 현상이 발생한다.

반대로 식음료, 유통업종은 수출보다는 주로 내수시장에서의 매출이 높은 업종이기에 수출비중이 높은 기업들이 힘들어 할 때 상대적으로 득을 보게 된다. 그래서 내수 관련 업종과 회사의 주가는 상승한다.

또한 해외 자산·부채가 많은 기업도 희비가 엇갈린다. 해외에 투자자산이 많은 기업은 환율이 상승하면 상대적으로 자산가치가 늘어나므로 득을 보게 된다. 반대로 해외부채가 많은 기업들은 채무부담이 늘어나게 되므로 주가에 악영향을 주게 된다.

> 환율상승 → 수출주 실적악화, 내수주 강세,
>
>   해외자산 보유기업 유리, 해외부채 기업 불리
>
> 환율하락 → 수출주 실적개선, 내수주 약세,
>
>   해외자산 보유기업 불리, 해외부채 기업 유리

이와 같이 환율은 증시전체에 미치는 영향도 장·단기적으로 다를 뿐만 아니라 업종별로, 혹은 종목별로 다른 작용을 한다. 그래서 자신이 투자하려는 업종·종목의 특성을 제대로 파악하고서 접근해야 한다.

06

금리나 물가가 출렁이면
주가는 어떻게 될까?

금리라고 하면 우리는 흔히 은행예금의 이자나 대출이자율을 생각한다. 우리가 피부로 쉽게 느낄 수 있는 예금이나 대출 금리의 기준이기 때문이다.

금리 지표로는 대표적으로 3년 만기 국고채금리가 있다. 국공채 및 회사채 수익률도 있다. 국고채는 정부가 장기자금을 마련하기 위해 발행하는 채권이다. 대한민국이 망하지 않는 한 떼일 위험이 없는 반면, 회사에서 발행하는 회사채 등에 비해 수익률이 낮다. 국고채 중에서 유통물량이 가장 많은 3년 만기 국고채 유통수익률은 대표적인 시장금리 중의 하나로, 우리나라의 시중자금 사정을 나타내는 금리 지표로 사용되고 있다.

최근에는 단기금리인 콜금리와 1년 만기 양도성예금증서의 수익률도 금리

지표로 많이 이용되고 있다.

금리와 주가는 서로 상극

금리는 수요와 공급의 시장원리에 따라 결정된다. 돈을 빌려주고자 하는 사람이 많으면 금리는 떨어지게 되고, 반대로 돈을 빌리고자 하는 사람이 많으면 금리는 오르게 된다. 시중에 자금이 넘친다 싶으면 금리는 하락세를 보이고, 자금이 부족하다 싶으면 금리는 상승세를 보인다. 금리는 우리나라 '돈줄'의 흐름을 좌우하는 중요한 변수이기 때문에 정부가 개입해서 조절을 하기도 한다.

금리가 높을 때는 주가가 하락하며, 저금리 기조로 들어서면 주가가 상승하는 것이 일반적이다. 이처럼 시중금리와 주가는 서로 반대로 움직이는 경향이 있다.

보통 금리가 하락하게 되면 은행 등의 금융상품에 투자해봐야 수익률이 너무 낮기 때문에 주식이나 부동산 등 다른 투자처를 찾게 되어 증시에 자금이 몰린다. 또한 기업의 자금사정이 호전되어 신규설비투자가 증가하며 금융비용의 감소로 제품의 단가가 내려가므로 기업의 수익이 증대되어 주가는 상승하게 된다.

반대로 금리가 상승하면 안전한 금융자산으로 자금이 몰리게 되어 부동산이나 주식시장에서 자금이 빠져나가고 주식시장은 침체되기 쉽다. 또한 기업의 금융비용을 증가시켜 기업수익이 악화되어 주가 하락의 요인이 되기도 한다.

주식시장 돈의 흐름을 좌우하는 통화량

통화량이란 말 그대로 시중에서 돌아다니는 자금, 즉 돈의 양을 의미한다. 일반적으로 통화량 증대는 시중의 자금을 풍부하게 한다. 시중에 돈이 많아지니 금리는 내려가고, 기업의 금융비용이 줄어 기업의 이윤이 향상된다. 또한 금리하락은 은행예금이나 채권 수익이 낮아지는 것을 의미하기에, 주식 수요가 증가되어 주가가 상승한다.

그러나 통화량이 너무 증가하면 인플레이션이 유발되어 물가가 상승한다. 이럴 때는 현금성 자산은 상대적으로 가치가 떨어지기 때문에 실물이나 부동산에 자금이 몰리게 된다. 주식에서 돈을 빼서 부동산에 투자하는 현상이 이어진다. 주가는 떨어지고 부동산은 상승하게 된다.

너무 올라도, 너무 내려도 걱정인 물가

적정한 물가상승은 경기를 호전시켜주는 효과가 있으므로 주가의 상승을 가져온다. 하지만 일반적으로 물가상승은 기업의 제품원가를 상승시키고, 상승된 원가는 소비자가격에 반영된다. 소비자는 평소보다 가격이 오른 물건을 구매하길 주저하고, 기업은 매출이 줄어 기업수익은 감소되어, 결국 주가 하락으로 이어질 가능성이 높다. 반면에 물가가 너무 하락하면 오히려 경기 자체를 크게 위축시켜 가계수입이 줄어들고 기업활동이 감소되어 주가 하락의 원인이 된다.

이런 이유로 물가는 적정선을 유지하는 것이 경제나 증시에 도움이 된다.

하지만 물가를 안정시키는 일이 결코 쉬운 일은 아니다. 그래서 정부는 항상 물가의 동향에 촉각을 곤두세우고 시장에 영향이 큰 항목의 가격변동에 개입해서 물가를 안정시키기 위한 노력을 하고 매일매일 물가동향을 파악한다.

이런 이유로 물가를 단지 장바구니나 호주머니 사정 때문만이 아니라 주식투자의 향방을 가늠하는 요소로도 바라봐야 하는 것이다.

참고로 중앙은행(한국은행)은 은행 등이 예금자의 예금인출 요구에 대비하여 총 예금액의 일정비율 이상을 대출할 수 없도록 규정하고 있다. 이 비율을 (법정)지불준비율이라고 한다.

정부는 지불준비율을 조절해서 시중에 유통되는 통화량을 증대시키거나 감소시키는 정책을 실행하고 있다. 시중에 유통되는 돈이 너무 많아져서 부작용이 우려될 때는 지불준비율을 높여서 통화량을 줄이도록 유도하고, 반대의 경우에는 지불준비율을 낮춰서 시중은행들이 자금을 많이 풀도록 유도해서 통화량을 늘게 하고 있다.

만약에 정부가 지불준비율을 높인다는 정보가 나돌면, 이는 통화량이 감소해 시중의 자금을 압박하는 정책이다. 따라서 주식시장에 유입되는 투자자금이 줄어들어 주가가 하락할 수 있다. 그래서 통화량 증감은 주식시장의 분위기를 파악하는 지표로 사용되기 한다.

지불준비율은 물의 흐름을 조절하는 수도꼭지처럼 돈의 흐름을 조절하는 '자금꼭지'와 같은 역할을 하는 중요한 정책인 셈이다.

기업의 가치에 비해서 주가가 저렴할 경우 '주가가 저평가되었다'고 해야
하는 것이지, 단지 주가가 낮다고 해서 매수할 만한 가치가 있는 것은 아니
다. 눈앞에 보이는 기업가치의 껍데기인 '가격표'만 보고서 주식의 가치를
판단하는 착시현상으로 함부로 투자에 나서는 오류를 범하지 말아야 한다.

제5강

기업 분석과 종목 선정을 위한
핵심 실전투자 전략

추세전략과 역추세전략,
어느 것이 효과적일까?

　주식 투자에 관한 기본적인 원칙과 전략은 여러 가지가 있는데 그중에는 추세를 기준으로 하는 추세전략과 역추세전략이 있다. 추세전략(Momentum Strategy)이란 과거에 주가상승률이 높은 종목을 매수하여 수익을 추구하는 전략이고 역추세전략(Contrarian Strategy)은 이와 반대로 과거에 주가 하락률이 큰 종목을 매수하여 수익을 추구하는 전략을 의미한다. 즉 추세전략은 말 그대로 상승추세를 이어온 종목이 향후에도 상승할 확률이 높으므로 이러한 상승종목을 골라서 투자하는 것이다. "달리는 말에 올라타라"는 전략이다.

　이에 비해서 역추세전략은 많이 하락한 종목이 평균가에 회귀하는 현상으로 인해 상승 반전할 것을 노리는 전략이다. 바닥에 공을 떨어뜨리면 바닥을 찍고는 결국 다시 튀어오르는 것을 전제로 하는 전략인 셈이다.

그렇다면 추세전략과 역추세전략 중에서 어느 방법이 더 효과적일까?

추세전략은 상승과 하락기에 유리, 역추세전략은 보합기에 유리

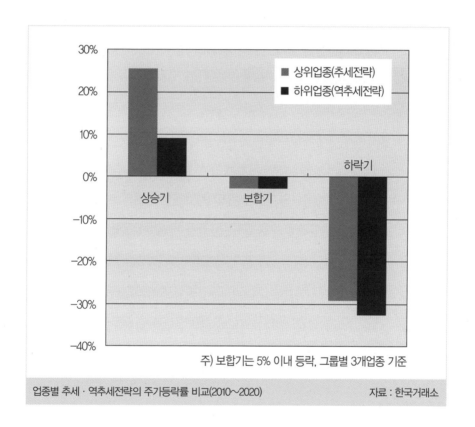

업종별 추세·역추세전략의 주가등락률 비교(2010~2020)   자료 : 한국거래소

2010년부터 2020년까지 6개월 단위로 코스피 시장에 등록된 종목들을 대상으로 추세에 따른 투자전략을 적용해볼 경우 업종지수와 개별종목 모두 추세전략이 역추세전략보다 훨씬 효과적이었다.

6개월간의 등락률을 기준으로 업종별로 상·하위 그룹으로 분류해서 상위 3개 업종과 하위 3개 업종을 비교한 결과, 과거 6개월간 상승률이 높은 업종이 향후 6개월 동안에도 상승률이 높았다. 주가상승률이 높은 상위 3개 업종의 경우는 이후에도 평균 9.29% 상승하여 하위 3개 업종에 비해 10.03% 추가 상승했다.

이를 주가의 흐름에 따라서 상승, 보합, 하락으로 구간별로 나누어서 비교해본 결과는 더욱 흥미롭다. 앞의 그림에서 보듯이 주가상승 상위업종(추세전략)은 주가 상승기에는 25.41%가 상승하여 9.15% 상승에 그친 하위업종(역추세전략)보다 훨씬 좋은 성과를 나타냈다. 주가가 하락하는 하락기에도 상위업종은 −29.11%가 하락하여 −32.53%가 하락한 하위업종에 비해서는 하락폭이 다소 적었다.

추세 · 역추세전략의 개별 종목 주가상승률

구분	각 상·하위 30개 종목	각 상·하위 10개 종목
상위그룹(추세전략)	14.72%	20.25%
하위그룹(역추세전략)	7.10%	7.10%

자료 : 한국거래소

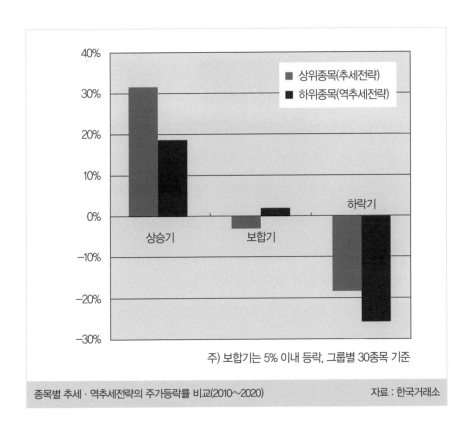

주) 보합기는 5% 이내 등락, 그룹별 30종목 기준

종목별 추세 · 역추세전략의 주가등락률 비교(2010~2020) 자료 : 한국거래소

개별종목에 대한 분석 역시 추세전략이 역추세전략보다 효과적인 결과를 보여줬다. 앞의 표에서 보듯이 주가 상승률 상위 30개 종목은 이후의 기간에도 평균 14.72% 상승해서, 하위 30개 종목이 7.10%가 상승한 것에 비해서 두 배에 달하는 평균 상승률을 보였다. 그룹별로 상 · 하위 10개 종목으로 대상을 축소할 경우는 추세전략을 적용한 주가가 역추세전략을 적용한 종목들에 비해서 약 3배 정도 더 상승했다.

이를 업종분석과 마찬가지로 주가 상승기, 보합기, 하락기로 나누어서 분석한 결과 앞의 그림에서 보듯이 주가 상승기에는 상위 30종목의 경우 31.72% 상승했으며 하위종목 그룹의 경우는 18.68% 상승했다. 하락기에는 상위 종목들이 −18.31% 하락한 반면, 하위그룹은 −25.74% 하락했다.

이와 같이 업종과 종목을 추세에 따라서 분석한 종합적인 결과는 주가 상승기와 하락기에는 추세전략의 성과가 훨씬 좋은 것으로 나타났고 보합기에는 역추세전략이 다소 효과적이었다. 그렇다면 상승과 하락기에는 추세전략, 보합기에는 역추세전략을 취하면 되는 것이 아닐까?

이론적으로는 맞는 말이지만 이게 현실적으로는 그렇게 쉬운 일이 아니다. 앞에서 기술적 분석에 대해서 언급할 때에 설명한 것처럼 추세라는 것은 지나고 나서야 그 시점과 전환을 명확하게 알 수 있는 것이지 진행중인 상태에서는 정확하게 판단하기가 매우 어렵다. 그리고 보합기에 역추세전략을 활용한 성과는 상승·하락기의 추세전략의 수익률에 비해서는 매우 미미한 수준이다.

이런 것을 볼 때 증시의 움직임에 따라서 모든 구간에서 성과를 내겠다고 추세전략과 역추세전략을 오고 가면서 욕심을 부리다가 오히려 화를 자초하느니 차라리 상승과 하락기에 유리한 추세전략을 유지한다면 훨씬 안정적이고 좋은 성과를 거둘 수가 있다.

평소에 성실한 자세로 열심히 노력한 사람이 성공할 확률이 높을까? 아니면 맨날 빈둥거리면서 말썽만 피우던 사람이 어느 날 갑자기 성공하게 될 확률이 높을까?

02

장기투자와 분산투자,
알면서도 못하는 이유

'장기투자와 분산투자'라는 말은 주식 투자를 하는 사람들이 귀에 못이 박히게 듣는 말이다. 그리고 그 효용성에 대해서도 많은 사람들이 공감하는 원칙이기도 하다. 그렇지만 주식 투자를 하겠다고 나서면 안타깝게도 가장 먼저 구겨져서 휴지통에 처박히고 마는 것이 또한 바로 이 장기투자와 분산투자 전략이다.

장기투자는 단기투자에 비해서 누적된 수익률이 높은 것은 당연한 일이다. 하지만 연평균 투자수익률이 더 높다는 것은 결국 조바심 내고 수시로 사고 파는 것보다는 사놓고 묻어두는 것이 오히려 정신건강에도 좋고 평균 수익률도 높다.

종목 선정 실패나 수익률 편차의 위험을 줄여주는 분산투자

그렇다면 아무 종목이나 사놓고 무조건 오래 기다리기만 하면 투자수익률이 좋아질까?

물론 아니다. 아무 종목이나 장기투자를 한다고 수익률이 높아지는 것은 아니다. 업종별 우량주 중에서도 일부 종목들은 장기투자가 오히려 손해를 보기도 한다. 이와 같이 일반적으로는 장기투자가 훨씬 유리하지만 모든 종목에 해당되는 것은 아니다. 업종별 우량주만 골라서 장기투자를 해도 기대에 미치지 못하는 종목들도 나오기 마련이다.

그렇다면 필요한 것은 무엇일까? 업종별 우량주를 골라서 장기투자를 하되 한두 종목에 이른바 '몰빵'하는 우를 범하지 않는 것이 필요하다. 투자한 한두 종목이 운 좋게도 꾸준하게 주가가 상승을 해서 좋은 성과를 거둘 수도 있지만, 그 반대의 경우도 가능하다는 것을 반드시 염두에 두고 위험을 분산해야 한다.

우량주에 고르게 분산 투자하는 포트폴리오를 구성해서 장기 · 분산 투자했을 경우는 '몰빵'했을 경우보다는 연평균 수익률이 떨어지지만 위험분산이 된다는 장점이 있다.

그래서 분산투자는 일부 종목의 투자에서 실패를 하더라도 다른 종목에서 발생하는 수익으로 인해서 손해를 상쇄할 수 있으므로 결과적으로는 안정적으로 좋은 성과를 기대할 수가 있다

여러 우량주에 고르게 분산투자를 하고 투자기간이 길어질수록 손실을 볼

위험성이 크게 낮아지면서 꾸준하고 안정적인 수익이 가능한 것이다. 이처럼 투자에 있어서는 고수익을 추구하는 것도 중요하지만 무엇보다도 투자 자금을 지키고 위험을 회피하는 것이 매우 중요하다. 왜냐하면 생존이 훨씬 중요하기 때문이다. 이런 점에서 위험요소가 줄어들고 고수익이 가능한 장기·분산투자야말로 매우 단순하면서도 효과적인 투자라고 할 수 있다.

장기·분산투자를 못했던 이유는 장점을 피부로 실감할 수 없었기 때문

투자자들이 장기·분산투자의 장점을 알면서도 이를 실천할 수 없었던 것은 이를 증시에서 피부로 느낄 수가 없었기 때문이다. 왜냐하면 우리나라 증시는 오랜 시간 동안 꾸준하게 증시가 상승을 하는 과정을 겪기보다는 좁은 박스권에서 계속 오르락내리락하는 과정을 반복했기 때문에 주가가 쌀 때 사서 비쌀 때 팔아야 한다는 생각이 팽배할 수밖에 없었다.

투자자들에게 짧은 기간에 변동성이 큰 주가의 움직임 속에서 수시로 수익을 올릴 수 있을 것 같은 착각을 심어주었던 것이다. 이런 이유로 투자자들이 장기·분산투자를 하기보다는 항상 높은 변동성을 노린 단기적이고 투기적인 접근을 했기에 쓰라린 실패할 수밖에 없었던 것이다.

그러나 앞에서 설명한 것처럼 우리나라 증시는 이제 여러 면에서 장기투자가 가능한 환경이 조성되고 있다. 이제는 롤러코스터를 타면서 음료수를 먹어보겠다고 무리하다가 온몸에 뒤집어쓰고 마는 잘못된 편견에서 벗어나야 할 때이다.

휴지통에 구겨버린 '장기투자와 분산투자'라는 원칙을 꺼내서 가슴에 담아두도록 하자.

토끼의 걸음이 빨라도 결국 경주에서 승리한 것은 우직한 거북이었다. 하루 이틀 사는 것도 아닌데 토끼처럼 마음만 급하게 바둥거려봐야 제풀에 지칠 뿐이다. 미련하고 답답해보이는 거북이가 성질만 급한 헛똑똑이 토끼보다 훨씬 오래 잘 산다.

삼성전자를 사는 이유,
싸구려와 저평가 주식은 다르다

　국토교통부의 2021년 공시지가에 따르면 전국에서 땅값이 가장 비싼 곳은 서울 중구 명동의 네이처퍼블릭 명동월드점으로 ㎡당 가격이 2억650만 원이며, 2위는 명동2가 우리은행 용지로 1억9900만 원에 달했다. 반면 가장 땅값이 싼 곳은 전남 진도군 조도면의 임야로 ㎡당 가격이 200원에 불과했다. 무려 100만 배의 차이가 나고 있다. 똑같은 땅인데 왜 이런 차이가 날까? 어디는 ㎡당 가격이 무려 2억 원에 이르고 어디는 단돈 200원에 불과해서 100만 배라는 믿기 어려운 차이가 나는 것일까?

가치에 비해서 저렴한 것과 단지 가격이 싸다는 것은 다른 의미

수많은 사람들이 지나다니는 서울 도심 한복판의 땅과 찾아가기도 힘들고 사람도 다니지 않는 산골짜기의 황무지는 차이가 날 수밖에 없다. 같은 땅이라도 그 '가치'가 다르니까 당연히 가격 차이가 나게 된다. 그런데 이런 가격 비교를 할 때에 조심해야 할 점이 있다. 만약에 m²당 10억 원을 벌어줄 수 있다면 m²당 2억 원이라는 엄청난 가격도 가치에 비해서는 저렴한 것이다. 반대로 아무짝에도 쓸모 없고 도저히 개발될 가능성도 전혀 없는 땅이라면 그 가치에 비해 단돈 200원도 아까울 수 있는 것이다.

더 현실적인 예를 들면 자연방목을 하고 아주 정성 들여 사육한 한우갈비를 1kg당 5천 원에 판다면 그 고기의 가치에 비해서는 가격이 저렴하므로 충분히 사 먹을 만한 값어치가 있다. 그런데 병에 걸려서 살처분된 고기를 1kg당 1000원에 판다면 살 것인가? 가치가 없다면 살 이유가 없다.

그런데도 많은 사람들이 주식 투자를 시작하면 평소의 건전한 판단력은 어느새 사라져버리고 '병 걸린 주식'을 싸다는 이유로 덥석 사놓고는 얼빠진 누군가에게 비싼 값에 팔 수 있을 것이라는 헛된 망상으로 대박의 꿈을 꾼다.

외국인은 우량주에 몰리고, 개인은 '싸구려' 주식에 몰린다

주가라는 것은 기업의 가치에 비해서 비싸고 싼 것을 판단해야 하는 것이지 무조건 가격 자체에만 집착해서는 안 된다. 주가가 수십만 원에 달해도 회사의 가치에 비해서는 주가가 저가일 수도 있는 것이고, 반대로 주가가 액면가에도 못 미쳐도 회사의 가치에 비해서는 그 가격이 비쌀 수도 있기 때문이다.

한국거래소의 코스피 시장에 상장된 종목의 가격대 분포와 투자자별 거래대금 비중을 분석한 자료에 의하면 외국인은 10만 원 이상 고가주 거래대금 비중의 절반 이상을 차지하고 있는데 비해 개인은 1만 원 미만 저가주 거래대금의 90%를 차지하고 있다. 외국인과 기관은 고가주 거래대금의 비율이 높았으며 주가가 낮아질수록 그 비율이 급감하고 있다. 개인은 이와 반대로 고가주일수록 거래대금 비중이 낮아서 10만 원 이상 고가주의 거래대금 비중은 매우 낮고 저가주로 갈수록 그 비중이 큰 폭으로 늘어나고 있다.

이와 같이 기관과 외국인은 고가주에 몰리고 개인투자자는 저가주에 몰리는 등 투자자별로 그 특성이 명확하게 드러나고 있다.

미운 오리새끼가 어느 날 백조로 화려하게 변신해서 대박이 나기를 바라면서 개인들끼리 저가주에 몰려서 서로 열심히 치고 받는 셈이다. 물론 이런 종목들 중에서 가치에 비해서 저평가된 숨은 진주도 분명히 있다. 그렇지만 개인이 그런 종목을 찾아낸다는 것이 그렇게 간단한 일은 아니다. 많은 정보와 치밀한 분석력, 풍부한 자금이 있는 외국인과 기관들의 저가주 거래 비중이 낮은 것은 그들이 바보라서 그런 것일까?

삼성전자가 코스피 대장주가 된 이유

주가의 가치를 판단할 때 주의해야 할 또 한 가지는 액면가를 염두에 두어야 한다는 점이다. 종목마다 액면가가 다르기 때문에 액면가 5천 원이고 주가가 10만 원인 종목과 액면가 500원이고 주가가 1만 원인 종목은 따지고 보면 주식의 가치는 같다. 그렇지만 피부로 느껴지는 가격 차이는 10배이기 때문에 두 종목의 가격 차이가 많이 나는 것 같은 착시현상이 벌어지기도 한다. 그러므로 종목 간에 가격비교를 할 때는 액면가 대비 상대 비교해야 한다.

예를 들면 삼성전자가 액면분할하기 이전에는 액면가 5천 원인 주가가 250만 원대가 넘었다. 너무 비싸다 보니까 상대적으로 개인들이 매수하기에는 부담스러웠다. 그런데 2018년에 1/50로 액면분할을 해서 액면가가 100원이 되면서 한 주가 5만 원이 되었다. 그리고 나니 뭔가 주가가 저렴하게 보이는 착시현상이 발생해서 개인들이 우르르 몰려들면서 매수대열에 동참했다. 250만 원짜리가 아니라 5만 원짜리라는 느낌이 들면서 수십만 원 하는 종목에 비해서 상대적으로 저렴한 것으로 착각하게 만든 것이다.

고가주와 저가주는 주가의 움직임도 다르다

고가주와 저가주의 주가 움직임은 양극화가 심하다. 물론 주가 상승기에는 상대적으로 고가주에 비해서 저가주의 상승률이 높은 현상이 발생하기도 한다. 이른바 '종목 순환의 효과' 덕에 상승 분위기에 휩쓸려서 저가주들도 덩달아서 상승하는 것이다.

물론 저가주 중에서도 상대적으로 가치에 비해서 저평가된 저가주가 오르는 것이지 싼 주식이 무조건 오르는 것은 아니라는 것을 알아야 한다. 증시의 상승추세가 다소 완화되거나 하락추세로 반전하면, 저가주는 고가주에 비해서 하락폭이 훨씬 커지고 끝없는 하락을 하기도 한다.

위에서 설명한 것처럼 기업의 가치에 비해서 주가가 저렴할 경우 '주가가 저평가되었다'고 해야 하는 것이지, 단지 주가가 낮다고 해서 매수할 만한 가치가 있는 것은 아니다. 눈앞에 보이는 기업가치의 껍데기인 '가격표'만 보고서 주식의 가치를 판단하는 착시현상으로 함부로 투자에 나서는 오류를 범하지 말아야 한다.

길거리 짝퉁 제품과 유명회사의 정품은 품질과 A/S 등에서 많은 차이가 난다. 비싼 물건은 비싼 값을 하고 싼 제품은 싼 값을 한다. 그래서 품질 대비 가격을 따져보고 물건을 사야 후회하지 않는다.

평소의 이런 상식적인 기준을 주식 투자에 그대로 적용하면 된다. 그런데도 사람들은 주식 투자에만 나서면 이런 상식을 몽땅 잊어버리고는 우왕좌왕하고 만다. 참으로 안타까운 일이 아닐 수 없다.

04

외국인이 사는 종목에는 분명한 이유가 있다

우리나라 주식시장은 외국에 개방되면서 외국인투자자가 주요 세력으로 부상했으며 이제는 그 비중이 40%를 넘나들고 있다. 외국인투자자는 전 세계에 퍼져 있는 글로벌 정보력과 선진투자기법, 그리고 막대한 자본력을 바탕으로 시장을 주도하고 있기에 그들의 투자동향은 언제나 시장에 큰 변수로 작용하고 있다.

이들은 대부분이 개인보다는 주로 투자전문 회사라는 기관 형태로 투자를 하고 있으며 우리나라뿐만 아니라 전 세계적으로 다양한 국가에 투자하고 있다. 그래서 외국인투자자는 국내의 개인이나 기관투자자와 달리 환율과 전 세계적인 금융 동향에 촉각을 곤두세우면서 고도의 정보력으로 항상 한발 앞서서 증시를 주도해나가고 있다. 이러한 이유로 외국인투자자의 매매동향과 투자 종목을 매매하는지를 파악해서 투자에 참고하는 것이 유리하다.

물론 외국인투자자도 신이 아니고 사람인 이상 그들이 항상 수익을 낸다는 보장도 없고, 그들 간에도 투자전략은 가지각색이고 수익률도 천차만별이다. 그렇지만 일반적으로 외국인이 큰 관심을 가지고 집중적으로 매수를 하는 종목은 주가가 꾸준하게 상승을 하는 경향이 많다. 그리고 그렇게 상승한 종목은 나중에 보면 충분히 상승할 만한 나름대로의 근거와 조건이 충족되었다는 것을 알 수 있다.

이들은 일반적으로 단기적인 경제동향이나 주가의 움직임에 연연하기보다는 장기적인 투자를 하고 있다. 우수한 기업을 발굴해서 몇 년간 중장기적으로 투자하는 전략으로 수익을 올린다. 장기는 고사하고 몇 달 혹은 며칠도 못 참아서 수시로 투자종목을 바꾸는 우리나라의 투자행태와는 비교할 수 없을 정도로 장기적인 안목을 가지고 신중한 분석과 판단으로 투자를 하고 있다.

이러한 이유로 외국인은 엄청난 규모의 자산을 굴리면서도 꾸준하고 안정적인 수익이 가능한 것이다. 그렇지만 모든 외국인투자자가 장기투자를 하는 것은 아니다. 단기적인 시세차익을 노리는 헤지펀드나 경영권 장악을 목적으로 공격적인 기업 M&A에 나서는 자본도 있다. 이런 자금은 엄청나게 빠른 순발력과 놀라운 정보력으로 우리나라의 금융 시스템과 기업 지배구조의 허점을 노려서 치고 빠지는 투자 기법으로 수익을 올리고 있다.

외국인 지분율과 주가는 밀접한 관계가 있다

일반적으로 외국인 지분율의 증감이 주가에 미치는 영향은 상당하다. 외국인 지분율이 증가한 종목들의 경우 주가가 상승하고 반대로 외국인 지분율이 감소한 종목들의 경우 하락한다.

외국인의 지분율 변동에 따라서 주가가 크게 출렁거리고 있어서 외국인 지분율의 증감은 바로 해당 종목의 주가에 매우 큰 영향을 미치고 있다는 것을 알 수 있다.

외국인 지분율 상위 기업들은 순이익률이 높다. 한국거래소의 자료에 의하면 코스피 시장에 상장된 기업들 중에 외국인 지분율 상위(40% 이상) 종목의 수는 전체 종목에서 차지하는 비율이 낮다. 반면에 이들 기업의 누적순이익 총계는 전체 상장회사의 절반에 달하고 있다. 외국인지분율 하위(지분율 10% 미만) 종목의 수는 절반이 넘지만 이들 기업의 순이익 총계는 전체 순이익의 10%에 불과하다.

외국인 지분율이 40%가 넘는 소수의 기업들의 순이익이 코스피 시장에 상장된 기업 전체 순이익의 절반이 넘고 있는 상황이다. 외국인의 지분율이 높은 기업의 수는 매우 적지만 대부분 건실한 기업활동을 통해서 높은 순이익을 올리고 있는 것이다. 반면에 순이익이 낮은 상당수의 기업은 외국인들 관점에서는 투자매력도가 떨어지기에 그들 기업에 대한 지분율은 10%에도 미치고 못하고 있다.

외국인은 기업이 영업활동을 해서 수익을 잘 내는 기본기가 탄탄한 알짜 기업에 몰리고 있는 것이다.

외국인 지분율이 높은 종목은 기본기가 탄탄한 기업

또한 외국인지분율 높은 기업의 매출액과 영업이익률은 전체기업 평균보다 훨씬 높다. 반면 부채비율을 살펴보면 외국인지분율 상위사의 부채비율은 평균보다 절반 이하로 안정적이다. 외국인투자자의 지분율이 높은 기업일수록 매출액과 영업이익률은 높고 부채비율은 낮아서 재무건전성이 좋은 것을 알 수 있다.

이처럼 외국인의 투자비중이 높은 종목은 기업의 수익성지표인 순이익과 매출액, 영업이익률이 높고 안정성지표인 부채비율은 낮아서 실적 좋고 자산 건전성이 좋은 모습을 보여주고 있다. 외국인투자자의 투자비중이 높은 종목은 기업으로서 기본기가 탄탄하고 실력이 있다는 것이 검증된 셈이며 이런 우수한 자질은 바로 주가상승이라는 성적으로 이어지고 있는 것이다.

반면에 외국인의 투자비중이 낮은 종목은 기업의 실적이 상대적으로 낮을 뿐만 아니라 재무제표도 부실한 모습을 보여주고 있기에, 이런 기업들의 허약한 기본기는 바로 주가 하락으로 이어지고 있다.

이처럼 외국인이 관심을 가지고 집중적으로 투자를 하는 종목들을 살펴보면 나름대로 투자할 만한 조건과 매력을 충분히 갖추고 있으며, 외국인들이 외면하는 종목은 투자대상으로의 매력이 상당히 떨어지고 있다. 외국인투자자의 투자비율이 높은 종목에 투자를 한다는 것은 기업의 실적이 좋고 재무구조가 건전한 우량기업에 투자를 하게 되는 셈이다.

그렇지만 무작정 외국인을 맹목적으로 따라하기보다는 무슨 이유로 특정한 종목에 투자비율을 늘리거나 줄이는지를 뒤에서 설명할 기업분석과 종목선정을 위한 전략을 참고해서 분석해보는 자세가 필요하다.

잘 몰라서 잘 아는 사람한테 한 수 배우는 것은 창피한 일이 아니다. 자존심 때문에 몰라도 아는 척하다가 나중에 더 큰 문제가 된다. 주식 투자 우등생에게 배울 것은 배우자.

05

주가는 기업 실적의
정직한 거울이다

　운동선수는 운동을 잘해야 좋은 대접을 받을 수 있고 가수는 노래를 잘해야 인기를 끌 수 있다. 그렇다면 주식시장에서 투자자들에게 인기를 얻고 주가가 상승하려면 기업들은 무엇을 잘해야 할까?

　기업의 존재 이유는 이윤추구다. 즉, 영업활동을 잘해서 매출을 올리고 이익을 잘 내야 기업 가치가 높고 좋은 기업이 될 수 있다. 기업이 이와 같은 기본적인 사항에서 좋은 성과를 거두면 사람들은 해당 기업에 관심을 가지고 가치를 높게 평가하게 된다. 이러한 관심과 평가는 곧 사람들의 매수로 이어져서 주가는 상승하게 된다. 결국 주가라는 것은 기업 실적의 정직한 거울인 셈이다.

채권수익 < 총 수익률(주가상승+배당수익)

총 수익률이 채권수익률보다 높은 기업이 증가하고 있다. 채권수익률을 초과하는 총 수익률을 기록한 기업이 투자 매력이 있는 종목이다. 과거에는 주가상승과 배당수익을 합친 주주입장에서의 총 수익이 채권 수익률보다 높은 실적을 기록한 기업(종목)이 상장된 기업의 10%가 되지 못하기도 했다.

이러다 보니 투자자들은 주식을 보유함으로써 수익을 내기보다는 사고 팔아서 단기 차익을 취해서 수익을 올리려는 투기적인 매매에 치중하는 행태가 만연했다. 하지만 이후 기업들의 구조조정과 피나는 노력으로 이러한 상황은 많이 개선되었다.

경기 변동에 취약한 구조를 가졌던 기업들의 체질 개선으로 글로벌 경쟁시장에서도 견고한 실적을 달성하는 기업들이 지속적으로 증가했다. 그 결과로 최근에는 총 수익이 채권수익률을 초과하는 기업이 크게 증가하고 있다. 총 수익률이 채권수익률보다 높은 안정적인 총 수익률을 주주에게 안겨주는 기업들은 꾸준하게 증가하는 추세다.

실적이 좋은 기업은 주가상승으로 평가받는다

3년 연속으로 시장 평균보다 높은 수익을 올린 회사들의 주가는 같은 기간에 코스피 지수 상승에 비해서 몇 배나 많은 초과상승을 한다. 3년 동안 기업이 부단한 영업활동을 통해서 꾸준하게 좋은 기업 실적을 거두자 이는 결국 높은 주가 상승으로 이어지는 것이다. 특히 이들 기업들은 매출액신장 비율보다 수익성 향상이 더 높았기 때문에 외형보다는 내실 위주의 경영 성과를 투자자들에게 인정받았다고 볼 수 있는 셈이다.

또한 전년도보다 매출액이 증가한 회사는 코스피 지수가 하락하는 기간에도 주가 하락이 상대적으로 적은 하락세를 보인다. 반면에 매출액이 감소한 회사의 경우는 주가가 코스피 지수 평균 하락보다 더 하락한다.

마찬가지로 영업이익과 순이익이 증가한 기업들은 시장의 평균 주가 등락률보다 우수한 결과를 보여주고 있다. 반면에 영업이익과 순이익이 감소한 기업들의 경우는 시장의 평균 하락폭보다 더 하락하는 경향을 보인다.

결국 매출액과 영업이익, 순이익이라는 기업활동에 있어서 가장 기본적인 재무제표가 건실한 회사는 시장의 평균 주가보다 높게 주가가 형성이 되는 반면에 그렇지 못한 회사의 주가는 시장 평균보다 주가가 낮게 형성이 되고 있는 것이다.

신인가수들이 저마다 한때의 인기는 누릴 수 있지만, 오랜 세월 동안 꾸준하게 사랑받는 팬덤을 유지하는 가수는 실력으로 증명된다. 마찬가지로 기업은 기업의 기본기에 충실해야 투자자들을 기업의 팬덤으로 만들 수 있다.

06

주가 상승과 배당 수익,
두 마리 토끼를 잡는 배당주

우리나라 기업들은 IMF 외환위기와 글로벌 금융위기를 겪은 후 재무구조를 탄탄히 하고 이익규모를 키우는 데 많은 노력을 기울였다. 또한 최근 들어서는 외국인투자자의 고율배당 요구와 소액주주들의 집단 움직임으로 기업들이 주주를 중시하는 경영 분위기가 확산되어 왔다. 이러한 이유로 배당을 실시하는 기업도 많아지고 배당 비율도 높아지고 있는 추세이다.

그렇다면 외국인투자자들은 배당수익만을 바라보고 배당을 실시하는 이러한 기업들에 투자한 것일까? 외국인은 배당 수익뿐만 아니라 배당 수익과 주가 상승이라는 두 마리의 토끼를 잡을 수 있기에 이러한 배당주에 집중적으로 투자를 하고 있다.

한편 최근의 동학개미 열풍으로 개인들의 우량주 투자비중이 늘어나면서 개인투자자들도 배당주에 관심이 높아지고 있다. 삼성전자가 액면분할로 주당 가격이 내려가는 착시효과로 진입장벽이 낮아진 데다가 실적에 따른 배당을 기대하고 개인들이 몰린 것이 그 예이다. 2020년 삼성전자는 특별배당 시행으로 결산배당을 크게 늘렸다. 개미들은 삼성전자 주식을 집중 매수해 지분율이 급상승하면서 더 큰 과실을 나누어 받게 되었다.

시장 평균보다 안정적인 주가 움직임을 보여주는 배당주

코스피 시장에 상장된 배당실시 기업의 주가등락률을 조사한 자료에 의하면 배당을 실시하는 종목에 투자했을 경우에는 코스피 지수의 등락보다 훨씬 안정적인 투자수익을 거둘 수 있다는 알 수 있다.

배당을 실시한다는 것은 회사의 실적이 좋고 회사 내에 여유자금이 많은 등 재무내용이 건전하다는 것을 의미하기 때문에 투자자의 관심이 높아지면서 주가가 상승하게 된다. 그리고 배당수익이라는 보너스가 주가 하락 시에는 손실을 보전해주고 주가가 상승을 할 때는 수익을 더해주는 역할을 하기 때문에 배당을 실시하는 종목들의 주가는 코스피 지수에 비해서 하락할 때는 덜 빠지고 상승할 때는 더 많이 상승한다.

개별 기업을 분석해 보면 배당 종목의 가치를 더욱 명확하게 알 수가 있다. 증시 자체가 활황기에는 대부분의 종목이 오르기에 배당주의 진가가 상대적으로 덜하다. 반면에 증시가 제자리 걸음을 반복하며 횡보를 하는 구간에도 배당을 실시한 기업들의 주가 움직임을 보면 증시 자체는 제자리 걸음을 했음에도 불구하고 이들 종목은 다른 종목에 비해서 큰 폭으로 주가가 상승했다는 것을 확인할 수가 있다.

이와 같이 배당을 실시하는 기업에 투자하는 것이 좋은 투자수익이 가능하다는 것을 알았다면 어떤 기업이 배당을 실시하는지는 어떻게 파악하고, 배당을 실시하는 기업들 중에서 어느 종목을 선택해야 할까?

배당종목의 검증된 대표주자, 고배당50지수 종목

배당을 실시하는 많은 종목중에서 특히 한국거래소에서 발표하는 고배당50지수에 속하는 종목에 주목을 하는 것이 좋다. 이 지수는 배당실적이 우수한 기업을 대상으로 구성된 주가지수인데 장기투자의 활성화를 위해 기업가치에 기준해서 배당성향(순이익중 배당비율)과 배당수익률(주가 대비 1주당 배당금의 비율) 등이 높은 기업으로 구성된다.

이처럼 까다로운 조건과 다양한 재무 건전성을 검증받아야 하기 때문에 이 지수에 속한다는 것은 수능성적과 내신, 논술 등의 다면평가를 통해서 '우수학생'의 기본 조건을 검증받은 종목이라고 볼 수가 있는 것이다. 배당을 실시한다는 것은 기업의 실적이나 재무건전성이 그만큼 좋다는 것을 의미하는 것이고, 이러한 배당실시 기업들 중에서도 배당지수에 속하는 종목은 투자매력도 면에서 더욱 알찬 종목이라고 할 수 있는 것이다.

최근 들어 주주의 이익을 위해서 배당을 실시하는 기업이 많아지고 배당규모도 커지는 것은 우리나라 증시가 체질개선을 하고 선진화되고 있는 긍정적인 면으로 볼 수 있지만, 한편으로는 우려되는 면도 있다. 왜냐하면 기업활동으로 발생한 이익이 신기술 개발을 위한 신규투자에 투입되지 못하고 배당으로 빠져나간다는 것은 향후 우리 경제의 성장동력 창출과 기업의 경쟁력 제고의 관점에서 볼 때는 문제가 될 수도 있기 때문이다.

개인 재테크와 국가경제에도 도움되면서 배당수익과 주가상승이라는 선물을 주는 두 마리 토끼를 잡을 수 있는 배당주에 관심을 갖자.

07

자사주 매입을 하는 종목은
주가 상승의 이유가 있다

자사주 매입은 기업이 자기 자본으로 회사의 주식을 매수하는 것을 의미한다. 그런데 왜 회사가 직접 나서서 자신의 주식을 돈을 들여가면서 사들이는 것일까?

자사주 매입은 경영권 방어, 주식가치 상승이 목적

자사주 매입을 하는 이유는 회사 오너나 경영진 등의 대주주가 보유한 회사 지분이 적어서 M&A(인수합병)에 쉽게 노출이 되는 경우이다. 이럴 경우 특정한 세력이 주식을 집중적으로 매수해서 지분율을 높이면 이들의 발언권이 강해져서 경영에 간섭을 하거나 심할 경우는 경영권을 빼앗길 수도 있다.

그래서 경영권을 방어하기 위해 자사주 매입을 해서 지분율을 높인다.

또 다른 이유는 시중에 유통 중인 주식의 수량을 줄이기 위해서다. 2005년부터 시행되기 시작한 집단 소송제도에 의해서 소액 주주들이 기업에게 투명한 경영을 요구하고 주가의 가치를 높이도록 압력을 가하는 경우가 많아지고 있다. 이런 요구의 일환으로 자사주 매입을 통해서 주식의 물량을 줄여서 주당 가치를 향상시키려 한다.

유통중인 주식의 물량이 많을 경우는 주가 상승에 부담스럽게 작용을 하기 때문에 유통 주식 수를 줄여 주식의 가치를 높여서 주가상승을 용이하게 하기 위해서 자사주를 매입해서 주식을 소각하기도 한다.

자사주 매입 종목의 주가흐름은 시장평균보다 안정적

그런데 기업이 자사주 매입을 하려면 무엇이 있어야 할까? 현금이 있어야 한다. 그래서 기업이 자사주 매입에 나서게 되면 회사의 현금 유동성이 좋다는 것을 의미한다. 돈을 써가면서 유통되는 주식 수를 줄이거나, 경영권 방어라는 중요한 이유가 걸리게 되면 결국 주식 매수 수요가 많아져서 자연스럽게 주가는 상승하게 된다.

자사주를 매입하는 기업의 주가는 코스피 지수가 하락할 때는 상대적으로 덜 하락하고, 반대로 코스피 지수가 상승할 때는 시장 평균보다 더 많이 상승하고 있다.

이러한 자사주 매입은 개인이 아무 때나 주식을 살 수 있는 것과는 달리 공시라는 방법을 통해서 미리 매입을 하려는 수량과 가격을 사전에 공개적으로 알려야 한다. 자사주 매입을 하겠다는 공시를 내면 일반적으로 주가는 시장 평균보다 더 상승한다.

이처럼 자사주 매입을 하는 종목은 공시가 나간 후에 시장 평균보다 더 상승하며 장기적으로도 시장 평균보다 높은 상승을 하고 있다. 그러나 이는 평균적인 통계 자료이기 때문에 자사주 매입을 하는 종목이 무조건 주가가 상승한다는 보장이 있는 것은 아니다. 그렇지만 적어도 자사주 매입을 하는 종목들은 평균적으로 지수 이상의 상승을 통해서 수익을 더해주고 있다. 따라서 자사주 매입을 하는 종목은 투자자에게 또 다른 투자 기회를 제공하는 셈이라고 볼 수 있다. 자사주 매입은 주주 입장에서 살펴볼 만한 사항이다.

내가 고른 기업이 언제, 어떻게 설립되어, 어떻게 흘러왔는지, 어떤 사업을 하고, 무슨 제품(서비스)을 만들어내고, 매출실적이나 시장점유율은 어떤지, 얼마를 벌고 비용을 제외한 손익 등 회사 살림살이는 어떤지, 누가 얼마나 많은 회사주식을 보유했는지, 주요 임직원은 누구이고 급여수준은 어떤지 등 꼼꼼하게 파악해야 한다.

제6강

소문에 휘둘리지 않고
알짜 종목 쉽게 찾는
지표 분석

사업보고서로 알 수 있는
수익성, 안정성, 성장가능성

　전문가도 아닌 일반인이 수십에서 수백 페이지에 이르는 방대한 사업보고서를 꼼꼼히 챙겨본다는 게 그리 호락호락한 일은 아니다. 그렇지만 소중한 돈을 투자하면서 A에서 Z까지 거의 모든 정보가 담겨 있는 사업보고서를 간과한다는 것은 주식 투자자에게는 직무유기에 해당한다. 직무유기를 해놓고 나중에 뒤통수 맞았다고 해봐야 아무도 동정해주지도 않고 스스로에게도 떳떳하지 못하다. 처음에는 버거운 듯해도 읽다 보면 외국어도 아니고 수학공식도 아니기에 감은 오기 마련이다.

사업보고서로 회사의 수익성, 안정성, 성장가능성까지 확인하자

사업보고서 항목과 세부내용

사업보고서 항목	세부내용
회사의 개요	회사개요, 연혁, 자본금 변동사항. 주식의 총수, 의결권 현황, 배당에 관한 사항 등
사업의 내용	사업개요, 주요제품(서비스), 시장상황, 시장점유율, 생산설비, 가동률, 매출실적, 판매전략(경로), 주요계약(수주상황), 연구개발실적 등
재무에 관한 사항	요약(연결)재무정보, *한국채택국제회계기준(K-IFRS) 준비계획 및 추진상황 등
감사인의 감사의견 등	감사인 및 내부통제에 관한 사항 등
이사의 경영진단 및 분석의견	예측정보에 대한 주의사항, 개요, 재무상태 및 영업실적, 유동성 및 자금조달과 지출, 그밖에 투자의사결정에 필요한 사항
이사회 등 회사의 기관 및 계열회사에 관한 사항	이사회, 감사제도, 주주의 의결권행사에 관한 사항, 계열회사의 현황 등
주주에 관한 사항	최대주주 및 특수관계인의 주식소유, 주식의 분포, 소액주주 현황, 주가 및 주식거래 실적 등
임원 및 직원 등에 관한 사항	임원 및 직원의 현황, 임원의 보수 등
이해관계자와의 거래 내용	대주주 등에 대한 신용공여, 대주주와의 영업거래, 대주주 이외의 이해관계자와의 거래 등
그밖에 투자자 보호를 위하여 필요한 사항	주주총회의사록 요약, 채무보증, 제재사항 등
재무제표 등	대차대조표, 손익계산서, 이익잉여금처분계산서, 자본변동표, 현금흐름표 등
부속명세서	기타 부속명세서 등
전문가의 학인	전문가의 확인, 전문가와의 이해관계 등

한국거래소에 상장된 모든 회사는 연간, 반기, 분기별로 사업보고서를 제출해야 한다.

앞의 표에서 보듯이 언제, 어떻게 설립되어, 어떻게 흘러왔는지, 어떤 사업을 하고, 무슨 제품(서비스)을 만들어내고, 매출실적이나 시장점유율은 어떤지, 얼마를 벌고 비용을 제외한 손익 등 회사 살림살이는 어떤지, 누가 얼마나 많은 회사주식을 보유했는지, 주요 임직원은 누구이고 급여수준은 어떤지 등 알토란 같은 정보가 모두 담겨 있다(금융감독원의 전자공시시스템 DART 참조). 그중에서도 수익성과 안정성, 성장가능성에 대한 정보를 꼼꼼하게 파악해야 한다.

사업보고서에서 중요하게 체크해야 하는 내용

• 수익성 : 매출, 손익 등

• 안정성 : 부채비율, 내용, 차입금의존도, 현금흐름과 보유액 등

• 성장가능성 : 기술개발, 시장전망, 점유율 등

우선 가장 먼저 살펴봐야 하는 것은 실적이다. 분기나 반기보고서에서도 나오지만 연간사업보고서는 한 해의 실적을 정리한 것이라 의미가 크다. 또 한 해당 사업연도뿐 아니라 최근 3년 이상의 실적이 정리되어 있어 최근 상황을 파악할 수 있다.

여기에 재무제표를 통해 매출이나 손익 같은 실적, 부채비율과 현금흐름

같은 안정성, 투자 및 연구활동이나 기술개발, 시장전망, 점유율 등으로 장래성을 파악해서 투자여부를 판단할 수 있다.

삼성전자와 관련된 전자공시 관련 사항   자료 : 금융감독원

기업의 성적을
한눈에 알 수 있는 재무제표

재무제표는 회사의 살림살이에 대한 것을 회계장부로 정리한 표이다. 일반적으로 대차대조표, 손익계산서, 현금흐름표가 가장 중요하고 또 많이 활용되고 있다.

기업의 재무상황을 한눈에 알 수 있는 요약재무제표

요약재무제표는 여러 재무제표의 내용 중에서 핵심적인 사항을 요약해서 하나의 표로 정리한 것을 말한다. 다음 표는 최근 5기(연간보고서의 경우 5개년)에 걸친 요약재무정보에 관한 표이다. 요약재무제표에는 자산, 부채, 자본, 실적과 손익 등 회사의 모든 상황에 대한 것을 수치로 확인할 수 있다. 이

III. 재무에 관한 사항

1. 요약재무정보

(단위 :천원)

구 분	제 56기	제 55 기	제 54기	제 53기	제 52기	
[유동자산]	151,390,074	101,533,256	103,613,595	142,244,844	115,841,884	자산관련 요약정보
· 당좌자산	29,694,740	18,372,550	18,817,732	19,475,783	22,831,747	
· 재고자산	121,695,334	83,160,706	84,795,863	122,769,061	93,010,137	
[비유동자산]	259,295,215	261,384,383	254,534,094	199,531,526	195,177,569	
· 투자자산	14,878,423	16,921,395	18,734,397	19,677,228	16,794,537	
· 유형자산	243,438,729	242,861,966	233,949,592	178,601,178	176,681,862	
· 무형자산	538,908	767,183	941,331	80,307	89,358	
· 기타비유동자산	439,156	833,840	908,774	1,172,813	1,611,813	
자산총계	410,685,290	362,917,639	358,147,689	341,776,370	311,019,453	
[유동부채]	100,784,632	77,278,452	77,628,322	80,372,034	41,855,032	부채관련 요약정보
[비유동부채]	26,748,114	26,229,699	38,928,983	24,579,744	42,257,011	
부채총계	127,532,746	103,508,151	116,557,305	104,951,776	84,112,043	
[자본금]	4,200,000	4,200,000	4,200,000	4,200,000	4,200,000	자본관련 요약정보
[자본잉여금]	7,962,610	7,962,610	7,962,610	7,962,610	7,962,610	
[자본조정]	△348,886	△348,886	△348,886	△348,886	△348,886	
[기타포괄손익누계액]	28,739	△2,425,680	△1,607,898	△2,048,870	△3,368,465	
[이익잉여금]	271,310,081	250,021,444	231,384,558	227,059,740	218,462,151	
자본총계	283,152,544	259,409,488	241,590,384	236,824,594	226,907,410	
매출액	205,921,115	177,242,335	166,284,941	140,140,592	139,167,280	실적(매출· 손익)관련 요약정보
영업이익	33,769,502	26,457,249	13,269,547	11,623,130	15,863,058	
당기순이익	21,966,809	19,273,330	5,002,990	9,234,031	11,668,319	
주당순이익(원)	34,866	30,571	7,741	14,498	18,412	

[△는 부(-)의 수치임]

기업의 살림살이를 한눈에 보여주는 요약재무제표   자료 : 금융감독원

회사는 최근 5년간 자산에서 손익까지 꾸준하게 성장해온 것을 알 수 있다.

이처럼 요약재무제표는 회사의 A부터 Z까지 수치화가 가능한 모든 기업활동과 관련된 사항을 정리해서 한 페이지로 요약했기 때문에 이를 보면 기업의 과거와 현재를 쉽게 확인할 수 있다.

자산과 부채, 자본 등 회사의 재산상황을 알 수 있는 대차대조표

과 목	제56기	제55기	제54기
자산			
Ⅰ.유동자산	151,390,074,485	101,533,255,880	103,613,594,871
(1)당좌자산	29,694,740,342	18,372,550,159	18,817,732,086
1.현금및현금성자산	185,629,725	626,985,793	412,444,268
(1)법정적립금	2,100,000,000	2,100,000,000	2,100,000,000
(2)임의적립금	244,133,689,408	225,433,689,408	221,033,689,408
(3)미처분이익잉여금(미처리결손금)	25,076,391,433	22,487,755,059	8,250,868,252
자본총계	283,152,544,004	259,409,488,129	241,590,383,832
부채와자본총계	410,685,289,945	362,917,639,248	358,147,688,883

대차대조표는 자산, 자본, 부채로 재무상황을 확인할 수 있음.

대차대조표   자료 : 금융감독원

대차대조표는 회사의 재산상황을 자산과 부채, 그리고 자본으로 구분해서 정리한 표이다. 자산은 회사의 모든 재산을 합한 것을 의미한다. 여기에는 공장설비, 토지, 주식, 현금 등이 있고 자산은 현금화하기 쉬운 정도에 따라서 유동자산과 고정자신으로 나뉜다. 유동자산이 많으면 돈이 묶이지 않고 잘 흘러가서 원활한 기업활동을 하는 데 유리하다. 반면에 고정자산이 많으면 당장에 현금이 필요할 때 큰 도움이 되지 못해서 유동성에 문제가 생길 수도 있다.

부채는 남에게서 빌린 돈, 자본은 자기 돈을 말한다. 그래서 부채가 많으면 빚이 많다는 것이므로 안정성 면에서 좋지 않다고 볼 수 있다. 반면에 주식을 공모해서 주주들로부터 돈을 모으면 회사의 자기자본이 된다.

지금 회사규모를 키우기 위해 100억 원이 필요한 두 회사가 있다. A사는 금융권에서 대출을 통해서, B사는 주식공모를 통해서 돈을 조달한다면 부채와 자본변동은 어떻게 될까? 또한 어느 회사가 자금 면에서 안정적일까?

A사는 부채가 100억 원 늘어나고 B사는 자기자본, 즉 자본금이 100억 원 늘어난다. 똑같이 자금을 조달했어도 A사는 빚으로, B사는 주주들의 투자에 의한 자본이 되기 때문에 당연히 B사가 대차대조표상으로는 더 안정적이라고 할 수 있다.

기업의 수익가치를 알 수 있는 손익계산서

과 목	제56기	제55기	제54기
I.매출액	205,921,115,381	177,242,335,266	166,284,940,583
1.제품매출액	115,093,766,611	107,945,884,135	86,998,511,236
2.상품매출액	35,587,785,970	33,409,898,819	40,426,082,176
3.분양수익	40,933,139,082	24,963,217,276	27,378,789,650
VIII.법인세비용차감전순이익(손실)	31,100,289,827	25,518,800,697	7,345,135,570
IX.법인세비용	9,133,480,603	6,245,470,640	2,342,145,349
X.당기순이익(손실)	21,966,809,224	19,273,330,057	5,002,990,221
XI.주당손익			
1.기본및희석주당순이익(손실)	34,866원	30,571원	7,741원

손익계산서는 매출액과 손익으로 실적을 확인할 수 있음

손익계산서	자료 : 금융감독원

손익계산서는 매출액에서 각종 세금과 이자비용, 경비 등을 제외한 손익이 어떻게 되는지를 정리한 표이다. 매출액이 많아도 이익이 나지 않으면 실속 없는 '헛장사'를 한 셈이다. 그래서 무조건 매출액만 많은 것보다는 수익을 많

이 남기는 것이 알찬 회사다.

그런데 여기서 잘 살펴봐야 하는 것이 주당손익이다. 기업 규모가 커서 매출액과 수익이 많이 났지만, 주식 수량도 많아서 수익을 주식 수로 나눈 주당수익이 낮다면 주주입장에서는 매력이 떨어진다. 반면에 매출이나 수익 규모는 작아도 주당수익이 높다는 것은 투자된 자본금 대비 실적이 좋다는 것을 의미한다. 주주 입장에서는 작아도 알토란 같은 회사인 셈이다.

피가 잘 통하는가, 막히는가? 기업의 동맥 현금흐름표

과 목	제56기	제55기	제54기
I.영업활동으로인한현금흐름	6,813,814,634	38,775,333,139	771,694,505
1.당기순이익(손실)	21,966,809,224	19,273,330,057	5,002,990,221
2.현금의유출이없는비용등의가산	7,892,049,208	6,010,811,659	9,168,356,440
다.배당금의지급	677,974,690	636,271,310	677,973,850
IV.현금의증가(감소)	(441,356,068)	214,541,525	144,481,668
V.기초의현금	626,985,793	412,444,268	267,962,600
VI.기말의현금	185,629,725	626,985,793	412,444,268

현금흐름표는 현금의 증감을 파악해서 유동성을 확인할 수 있음.

현금흐름표   자료 : 금융감독원

현금흐름표는 말 그대로 현금의 흐름, 즉 유동성에 관한 표이다. 나가는 것보다 들어오는 현금이 많아서 회사에 쌓이면 유동성 면에서 안정적이다. IMF 외환위기 당시를 생각해보면 쉽게 이해할 수 있다. 당시 우리나라는 경제 체력이 좋았음에도 불구하고 외환 관리를 잘못해서 혹독한 시련을 겪었다. 기업체의 경우도 마찬가지이다. 피가 잘 안 통하면 동맥경화가 걸리듯이,

영업활동이 원활해도 자금흐름이 막히면 소위 말하는 '흑자도산'을 하게 된다. 장사는 잘되는데 당장 외상대금 갚을 돈이 없어서 망하게 되는 셈이다.

그래서 대차대조표나 손익계산서만 보면 잘 나갈 것 같은 회사인데도 현금흐름이 나쁘면 단기적으로는 유동성 위기에 처할 수도 있다.

대차대조표로 회사의 재산상황을, 손익계산서로 기업활동의 실속을, 현금흐름표로 자금의 원활한 흐름을 파악할 수 있다. 그리고 이들 표의 핵심적인 내용을 모아 놓은 요약재무제표로 한눈에 회사의 '성적표'를 확인하고 투자여부를 판단할 수 있다.

03
기업간 비교평가가 보이는
재무비율 분석

앞에서 언급한 것처럼 사업보고서와 각종 재무제표를 보고 기업을 분석하고 평가할 수 있다. 그런데 이들 분석은 주관적인 판단에 따라 결과가 다르게 나올 수 있다는 단점이 있다. 또한 기업 규모나 업종특성이 다르기 때문에 단지 겉으로 드러나는 숫자만 가지고 상대적인 비교를 하기가 쉽지 않다.

기업을 평가하는 다양한 재무비율

재무비율의 종류와 세부내용

구분	재무비율	평가방법	투자판단 내용
안전성	자기자본비율	자기자본/총자산	자본구성 상태의 적정성을 알 수 있음
	부채비율	총부채/자기자본	비율이 높을수록 위험성이 증가됨
	이자보상비율	영업이익/ 이자비용	이 비율이 높으면 회사가 열심히 번 돈이 이자비용으로 새나간다는 의미
수익성	자기자본이익률 (ROE)	당기순이익/ 자기자본	자본의 투자효율성을 알 수 있음
	총자산 순이익률 (ROA)	당기순이익/ 총자산	전체 자산 대비 투자효율성을 알 수 있음
	매출액 경상이익률	경상이익/매출액	얼마나 실속 있게 사업을 하는지 판단할 수 있음
성장성	총자산증가율	총자산증가액/ 전기총자산	전기(연간보고서의 경우 전년, 분기보고서는 전분기) 대비 자산이 증가한 비율을 의미. 회사기반의 성장여부를 판단할 수 있음
	매출액증가율	매출액증가액/ 전기매출액	전기 대비 매출(사업)규모 확장여부를 비교할 수 있음
	순이익증가율	순이익증가액/ 전기순이익	전기 대비 수익성의 증감여부를 알 수 있음

이럴 때는 비교를 위한 항목을 기준이 되는 항목으로 나눈 비율로 표시하는 재무비율을 활용하면 유용하다. 재무비율은 말 그대로 비율을 가지고 회사를 비교·평가할 수 있기 때문에 규모나 업종특성에 따른 외형적인 숫자에

의한 착시현상을 줄일 수 있다.

앞의 표는 다양한 재무비율의 종류와 세부내용이다. 크게 안전성, 수익성, 성장성의 3개영역으로 구분해서 자본, 부채, 매출, 손익 등의 항목을 기준이 되는 항목으로 나눠서 그 비율을 구할 수 있다.

수치만으로는 헷갈리는 경우, 비율을 비교하라

(단위 : 억 원)

구분	매출	손익	자본	부채	투자여부	이유
A사	**5,000**	50	50	500	Yes( ),No( )	
B사	1,000	**100**	10	1,000	Yes( ),No( )	
C사	500	20	**100**	200	Yes( ),No( )	
D사	100	30	20	**20**	Yes( ),No( )	

4개 회사의 실적 및 재무상황을 단순하게 재무재표상의 숫자만으로 비교한 기업평가의 예이다. 매출은 A사가 5000억 원으로 단연 앞서고, 손익은 B사가 100억 원으로 독보적이며, 자본은 C사가 100억 원으로 가장 많고, 부채는 20억 원밖에 안 되는 D사가 가장 적다.

어느 회사가 투자 유망종목일까? 그리고 그 이유는 무엇인가?

어느 종목이 좋을지 애매한 상황이다. 4개 기업이 모두 장단점이 극명하게 드러나고 규모도 다르기 때문이다. 하지만 재무비율로 다시 비교 평가하면 단순히 숫자로만 비교할 때에 비해서 상대적인 비교를 하기가 쉬워진 것을 확인할 수 있다.

(단위 : 억 원)

구분	매출	손익	자본	부채	매출 대비 이익률	자기자본 이익률	부채비율
A사	**5,000**	50	50	500	1%	60%	1,000%
B사	1,000	**100**	10	1,000	10%	**1,000%**	10,000%
C사	500	20	**100**	200	4%	20%	200%
D사	100	30	20	**20**	**30%**	150%	**100%**

앞서 매출액이 가장 컸던 A사는 매출 대비 이익률이 불과 1%에 불과하다. 실속이 없는 것이다. 거기다 부채비율이 1000%에 달하므로 안정성도 떨어진다.

B사는 손익이 가장 많았는데 매출 대비 이익률도 나쁘지 않다. 하지만 자기자본이 너무 적기 때문에 자기자본이익률(ROE)이 비정상적으로 1000%나 되는 반면에 부채비율은 1만 %에 달한다. 자본안정성 면에서는 너무 불안하다.

C사는 자본금이 가장 많은데 비해 매출 대비 이익률과 자기자본이익률이 너무 낮다. 자본금을 가지고 실속 없는 사업을 한다는 것을 의미하므로 투자 매력이 떨어진다.

D사는 처음에 단순수치로 비교할 때는 부채가 가장 적다는 것 말고는 다

른 장점이 눈에 띄지 않았다. 하지만 재무비율로 비교해보니 매출 대비 이익률이 30%로 아주 '짭짤하게' 사업을 하는 것을 알 수 있다. 거기다 자기자본이익률도 150%이므로 자본을 투자하는 투자자 입장에서는 양호한 편이다. 부채비율은 100%에 불과해 다른 회사에 비해 가장 안정적이다.

처음에 수치만 보고 선택했던 회사와 재무분석을 하고 선택한 회사가 일치하는가? 투자유망 종목은 D사가 바로 정답이다. 실적, 수익성, 안전성 등에서 종합적으로 볼 때 가장 무난하고 높은 점수를 줄 수 있기 때문이다.

단순 수치비교로는 판단하기 어려운 기업간 비교를 재무비율로 비교하니 객관적으로 비교 평가할 수 있었다. 이런 장점 때문에 다양한 재무비율기법이 활용되고 있고 지금도 계속해서 새로운 분석방법이 제시되고 있다.

04

자기자본이익률(ROE)이란
무엇인가?

> 친구들 5명이 각 1억 원씩 투자해서 5억 원으로 사업을 시작했다. 그런데 사업을 하다 보니 사무실 임대료와 인건비, 기타 경비 등을 제한 순이익이 연간 500만 원 남았다. 각자 1억 원을 투자해서 연간 100만 원씩을 번 셈이다. 이 사업은 과연 투자가치가 있는 것일까?

이 사업의 연간순이익 500만 원을 전체투자자금 5억 원으로 나누면 1%가 된다. 1인당 1억 원씩 투자했으니 한 사람당 투자자금 1억 원의 1%인 겨우 100만 원을 연간 투자수익으로 나눠 갖게 되는 셈이다. 은행예금 이자보다도 훨씬 못하니 동업자들끼리 서로 자기자본을 빼서 그만두겠다고 싸움이 나고 사업은 조만간 문을 닫게 될 것이다.

그런데 만약에 순이익이 연간 500만 원이 아니라 1억 원이 발생했다면 어떻게 되었을까?

이때의 자기자본이익률은 1억 원(순이익)/5억 원(총자본) = 20%(1억 원)가 된다. 1인당 1억 원을 투자해서 은행예금이자의 몇 배가 되는 연간 20%(2천만 원)의 수익을 거둘 수 있으니 이때의 투자자금 대비 수익은 매우 짭짤하다. 이런 사업이라면 주변에서 돈을 투자하겠다는 사람들이 줄을 설 것이다. 이게 바로 자기자본이익률의 개념이다.

자기자본이익률(ROE)은 투자자금 대비 이익 수준을 알 수 있는 지표

자기자본이익률(ROE; Return On Equity)은 당기순이익에 자기자본을 나눈 수치다. 비율이 높을수록 좋다.

기업은 주주들이 출자한 자본금을 가지고 사업을 해서 각종 비용을 제한 순이익을 남긴다. 이 순이익을 자본금으로 나누면 투자자금대비 이익률이 나오게 된다. 앞에서 설명한 친구들끼리 투자해서 사업을 하는 경우와 원리는 다를 바가 없다.

어떤 회사의 ROE가 시중금리 수준인 4~5% 정도에도 미치지 못한다면 차라리 회사를 접고 은행에 예금을 맡기는 게 나을 수도 있다. 반면에 이 비율이 높으면 회사는 자본을 활용해서 '가치창출'을 잘하고 있는 것이다. 자기자본이익률이 높으면 투자자들이 해당기업에 매력을 느끼고 주가도 자연스럽게 상승하게 된다.

그래서 ROE는 주주들 입장에서 기업에 투자된 자금의 수익 정도를 측정하는 지표가 된다. 이 수치는 최소한 예금 금리 이상은 되어야 가치가 있다고 볼 수 있다.

No	종목명	시장	부채 비율	유보율	매출액 증가율	EPS 증가율	ROA	ROE	EPS	BPS	PER	PBR	EV/ EVITA
1	케이엠더블유	코	84.04	975.86	281.41	흑전	29.82	66.80	2,520	5,379	20.28	9.50	16.68
2	빅히트	유	74.47	18,663.68	62.29	흑전	28.66	53.90	2,250	5,498			0.00
3	상상인	코	21.51	281.18	37.66	236.81	36.16	48.44	1,529	3,940	5.67	2.20	6.43
4	클래시스	코	29.28	1,264.89	70.62	122.24	35.22	47.98	533	1,365	26.54	10.37	21.17
5	오이솔루션	코	32.43	2,504.75	158.26	1,678.59	33.53	46.10	4,710	13,024	10.50	3.80	8.21
6	엠씨넥스	코	72.85	2,962.84	88.78	134.08	23.35	46.00	5,572	15,314	6.77	2.47	5.26
7	테라젠이텍스	코	50.11	760.18	4.91	흑전	25.76	39.91	1,354	4,301	6.19	1.95	62.76
8	코스맥스	코	148.21	5,922.38	8.78	333.62	13.58	35.56	9,219	30,112	8.67	2.65	18.49
9	에코프로	코	24.79	2,663.67	12.37	41.82	27.36	33.69	3,959	13,818	5.67	1.62	43.08
10	위닉스	코	68.35	1,851.26	18.08	110.62	17.68	29.79	2,259	9,756	11.53	2.67	9.16
11	휠어비스	코	29.60	8,956.94	24.27	-11.62	21.30	28.78	10,820	45,285	17.12	4.09	14.55
12	두산	유	121.59	1,782.75	-1.71	323.45	13.36	28.48	27,467	108,796	2.56	0.65	11.75
13	와이팜	코	17.52	1,289.35	94.08	102.70	23.91	28.33	339	1,389			0.00
14	BGF리테일	유	256.17	3,344.35	2.93	-2.84	8.44	27.53	8,665	34,444	19.56	4.92	5.62

지표비율 순위로 종목 검색하기 　　　　　　　　　　　　　　　　자료 : FnGuide

앞의 그림은 FnGuide에서 제공하는 상장기업 분석정보다(http://comp.
fnguide.com). 이곳에서 우리나라 증시에 상장된 기업들의 다양한 재무비율
관련 지표를 검색할 수 있다. 전체 혹은 업종별로 다양한 재무비율 순위를 검
색해볼 수도 있고 개별 기업을 선택하면 최근 몇 년간의 지표비율의 변화도
비교해볼 수 있는 정보를 제공한다.

주가순자산비율(PBR)로
종목 선택하기

5만 원 신권이 처음 발매되기 시작하던 무렵, 김 부장은 일련번호가 빠른 신권 화폐를 수집하면 많은 돈을 벌 수 있다는 주변의 말을 듣고 대출받아 투자하기로 작정했다. 그런데 은행은 시세 1억 원의 집을 담보로 5천만 원만 대출해줬다. 그는 대출받은 돈 전액으로 일련번호가 빠른 5만 원 신권을 장당 50만 원의 프리미엄을 지불하고서 샀다.

그러나 시간이 흐르고 신권에 대한 호기심이 사라지면서 아무도 김 부장의 화폐를 사려는 사람이 없었다. 설상가상으로 대출금을 갚지 못해서 은행에서 차압이 들어와서 집은 경매로 넘어갔고 은행은 자신들이 빌려준 돈을 한 푼도 손해보지 않고 고스란히 찾아갔다. 반면에 그는 1장당 50만 원이나 주고 산 5만 원 신권을 가게에서 생필품을 사면서 5만 원이라는 '액면가'로 계산할 수밖에 없었다.

위의 사례를 통해서 무엇을 알 수 있을까? 빚 얻어서 함부로 투자하지 말라? 물론 이것도 옳은 말이다. 하지만 여기서 중요한 점은 집과 신권의 순자산가치와 그것을 얻기 위해 지불한 돈에 관한 내용이다.

김 부장의 집은 원래 시세가 1억 원이다. 자산가치가 1억 원인 셈이다. 그런데 은행은 집을 담보로 가치의 50%인 5천만 원만 대출해주었다. 그래서 부동산 가격이 하락하는 최악의 경우에도 은행은 손해를 보지 않은 것이다. 반면에 김 부장은 자산가치가 5만 원인 지폐를 그 10배에 달하는 50만 원을 지불하고 샀다가 아무도 그 가치를 인정해주지 않아서 큰 손해를 보았다.

주가순자산비율(PBR)은 기업의 청산가치와 주가와의 상관관계

주가순자산비율(PBR; Price on Book-value Ratio)은 주가를 1주당 자산가치로 나눈 수치다. 현재 주가가 자산가치에 비해서 몇 배로 거래되고 있는지를 측정하는 재무지표로, 높을수록 고평가(거품)되어 있다고 볼 수 있다.

기업의 회계장부인 대차대조표의 자산에서 부채를 차감한 순자산을 전체 주식 수로 나누면 회사가 청산될 때 주주에게 돌아갈 수 있는 1주당 자산가치가 나온다. 즉 회사가 망해서 문을 닫게 될 경우 주식을 보유한 주주에게 투자금 회수차원에서 나누어줄 수 있는 자산을 말한다.

이를 앞의 예에 다시 적용하면 은행은 1채에 1억 원 하는 아파트의 순자산가치의 1/2(대출금 5천만 원/순자산가치 1억 원 = 0.5)의 대출을 해주었다. 그래서 담보로 잡은 아파트가 경매로 시가보다 낮게 팔려도 손해보지 않고 대출금을 회수할 수 있어서 자산가치 대비 안정적인 투자를 한 것이다. 반면에 김 부장은 순자산가치에 비해 10배(1장당 구매가격 50만 원/1장당 순자산가치 5만 원 = 10)나 부풀려진 가격으로 투자를 했다가 결국 5만 원이라는 청산가치밖에 돌려받지 못해서 큰 손해를 본 것이다.

이런 점을 보면 PBR이 높을수록 회사의 청산가치에 비해서 주가가 높게 형성이 되어 있는 것이므로 안정성 면에서는 위험성을 내포하고 있다고 볼 수 있다.

그러나 이 지표는 무조건 아무 업종, 종목에나 맹목적으로 적용했다가는 오류를 범할 수 있는 여지가 있다. 왜냐하면 각종 설비가 많이 들어가는 제조업에 비해서 고정자산이 상대적으로 적은 서비스나 S/W 개발 관련 업종의 경우는 순자산가치가 낮게 나온다. 그래서 이런 업종은 PBR 수치가 높게 나올 여지가 많기 때문에 주가가 고평가되었다고 왜곡된 판단을 할 수 있다. 반면에 업무상 상관없는 부동산이나 악성 재고물건이 과도하게 많을 경우는 자산이 많게 잡히기 때문에 주가순자산비율이 상대적으로 낮게 나타나 저평가되었다고 잘못 판단할 수도 있다.

그래서 PBR은 매출이나 손익과 관련된 기업활동 본연의 성적표를 나타내주는 지표들과 같이 대조해보고 판단해야 정확성을 높일 수 있다.

PBR 같은 재무비율은 기업의 내재가치를 반영하고 있는 중요한 지표다. 그래서 대외변수 때문에 단기적인 충격으로 주가가 출렁거릴 수는 있지만 결국은 기업의 '체력'에 달려 있다. 기초체력이 양호하면 감기몸살로 한 며칠 컨디션이 안 좋아졌다가 얼마든지 훌훌 털고 일어설 수 있는 것과 같다.

06
주가수익비율(PER)을
직접 계산하고 투자한 결과는?

(A) 마늘 까는 기계의 가격은 10원이고 마늘을 까서 팔면 하나에 1원이 남는다.
(B) 밤 까는 기계의 가격은 200원이고 밤을 까서 팔면 하나에 2원이 남는다.

여러분이라면 마늘 까는 기계를 사서 사업하겠는가, 아니면 밤 까는 기계를 사겠는가?

얼핏 보면 밤을 까면 마늘에 비해 2배를 받을 수 있으므로 밤 까는 사업을 하는 것이 유리할 것 같아 보인다. 하지만 꼼꼼하게 따져보면 오히려 마늘 까는 사업이 훨씬 투자효율성이 좋다.

왜냐하면 1개당 판매 이익은 밤 까는 장사가 좋지만 기계 값이 비싼 것이 문제이다. 1개당 이익은 2배 차이밖에 나지 않는데 비해서 기계 값은 20배나 비싸다. 즉, 1개당 이익 차이에 비해 기계가격 차이가 훨씬 심하기에 마늘 까는 기계를 사서 사업하는 것이 투자 대비 효과가 훨씬 좋다.

주가의 고(저)평가 여부를 판단할 수 있는 주가수익비율(PER)

기업이 1년간 기업활동을 통해 벌어들인 이익에서 각종 비용 등을 공제하면 당기 순이익이 나온다. 이것을 발행된 주식 수로 나누면 주당순이익(EPS; Earning Per Share)이 나오게 되는데 현재의 주가를 이 주당순이익으로 나누면 주가수익비율(PER; Price Earning Ratio)이 산출된다.

주가수익비율(PER)은 주가를 주당순이익(EPS)으로 나눈 값이다. 낮을수록 저평가되어 있다.

마늘 까는 기계의 가격 10원(주가)을 마늘 하나당의 수익 1원(EPS)으로 나눈 것이 바로 PER이 되는 것이다. 그래서 마늘 까는 사업은 10/1=10이 되고 밤 까는 사업의 PER은 200/2 = 100이 된다. 결국 주가수익비율(PER)이 100인 밤 까는 장사보다 10인 마늘 까는 장사가 훨씬 짭짤한 투자대상인 것이다.

이와 같이 PER이란 기업이 영업을 해서 남긴 순이익을 주식 수로 나누어서 한 주당 이익을 얼마나 남기는지 계산한 다음에 그 수치를 현재주가와 비교해 보는 것이다.

1주당 이익에 비해서 주가가 높으면 PER의 수치는 높아지게 되고 반대로 1주당 이익에 비해서 주가가 낮으면 PER이 낮아지게 된다. PER의 수치가 높으면 기업이 영업활동으로 벌어들인 이익에 비해서 주가가 높게 고평가(거품)되었다는 것이며, 반대로 낮으면 이익에 비해 주가가 저평가되어 있으므로 향후 주가상승이 예상된다는 것이다.

그래서 PER이 낮은 종목은 주가가 저평가되어 있으므로 좋은 투자대상이라고 볼 수 있는 것이다.

재무비율 평가의 대표주자이자 외국인의 투자노트

PER은 투자종목을 선정하기 위해서 활용하는 많은 지표 중에 가장 기초가 되고 대표적인 것이라고 할 수 있다. IMF 외환위기 이후 외국인투자자가 본격적으로 우리나라 증시에 진출하면서 대두되기 시작해서 한때는 엄청나게 각광받았던 지표이다.

초기에는 PER 자체가 마치 대박 종목을 찾아내는 요술 방망이 같은 신기한 비법으로 여겨지기도 했고 그 당시에 외국인들이 PER에 의해서 발굴해낸 기업들이 큰 각광을 받기도 했다. 물론 지금도 PER은 훌륭한 투자분석 지표이기는 하지만, 이제는 시장이 어느 정도 성숙되면서 다른 지표와 같이 비교해서 분석해야 하는 복합적인 지표 중 하나가 되었다.

그런데 PER을 분석할 때 주의할 점이 있다. 성장 업종이냐, 사양 내지는 정체 업종이냐에 따라서 업종별로 평균 PER이 다르기 때문에 업종평균과 해당 종목의 수치를 비교해봐야 한다. 그리고 간혹 PER의 수치가 1도 되지 않게 낮은 종목들도 있다. 이럴 경우 상당수는 채권단이 부실기업의 채무면제나 부채자본의 전환을 해주어서 EPS이 급증하고 이에 따라서 PER이 크게 낮아지게 되는 경우에 발생한다.

그래서 심할 경우 PER 수치가 1 내외가 되기도 하는데 이런 것은 장부상의 정산에 의한 착시현상을 보여주는 수치이기 때문에 유의해야 한다. 그래서 PER이 너무 낮다고 판단될 경우, 무조건 저평가되었다고 판단하기보다는 다른 지표들과 병행해서 그 내용을 꼼꼼하게 비교해야 한다.

주가가 오를 것 같아서 매수하고 주가가 하락할 것 같아서 매도하는 것은
주가를 거래하는 것이다. 주식 투자는 주가를 거래하는 것이 아니라 기업을
거래하는 것이다. 기업의 가치가 올라가면 매수하고 기업의 가치가 하락하
면 매도하라. 결국은 기업 가치가 주가를 이기게 되어 있다.

그가 우리에게 권하는 투자 철학은 단지 주식 투자의 영역에서만 적용이 되
는 것이 아니라 인생살이에도 적용이 될 수 있는 내용들이다.

01

복리를 이용한 장기투자로
세계적인 갑부가 된 가치투자의 달인
- 워런 버핏 -

워런 버핏은 마이크로소프트 창업자 빌 게이츠와 함께 세계 최고의 부자이자, 주식 투자의 살아 있는 전설로 통하는 인물이다. 그는 이미 11세에 주식투자를 시작해 첫 투자에서 5달러의 수익을 냈고, 좀 더 성장해서는 골프공을 회수해서 재판매하는 사업을 하기도 하였으며, 고등학교 시절에는 중고 핀볼 게임기를 구입해서 수리한 후 이발소 등에 설치하는 사업으로 돈을 벌었다. 또한 워싱턴포스트 신문 보급소를 운영하여 돈을 모았고 이렇게 모은 돈으로 그는 스스로 대학교 학비를 충당했다.

될성 싶은 나무는 떡잎부터 다르다는 말을 실감하게 해주는 그는 이처럼 어린 시절부터 사업과 투자에 눈을 떴다. 성인이 된 그는 대학에서 과학적 투자와 가치 투자의 창시자로 불리는 벤저민 그레이엄이라는 스승을 만나게 되면서 투자 인생에 새로운 전환점을 맞게 된다. 몇 년간 그의 밑에서 투자 업무를 하면서 가치투자의 대명사로 통하는 워런 버핏의 투자 철학의 기초가 정립되었다.

그는 25세 되던 해에 자신의 돈과 친지들이 투자한 돈으로 펀드를 설립해서 본인이 직접 운영을 하기 시작했다. 이렇게 본격적인 투자자의 길에 들어선 그는 1965년에 당시 섬유회사였던 버크셔 해서웨이(Berkshire Hathaway)를 인수한 후 다른 기업에 투자하는 지주회사로 변신시켰다.

이 회사는 그 후 세계적인 투자회사가 되었으며 그의 회사에 투자한 사람들을 백만장자로 만들어주었고 그 자신도 세계적인 갑부가 되어 살아 있는 주식 투자의 신화가 되었다.

부자가 되려면 눈덩이 효과를 이용하라

워런 버핏이 주식 투자로 세계적인 갑부가 되는 동안 그의 연평균 투자 수익률은 어느 정도였을까? 연간 수백%는 되어야 그런 엄청난 돈을 모을 수 있지 않을까?

이런 추측과는 달리 그가 투자회사를 차리고 본격적인 주식 투자에 나선 동안 그의 투자 수익률은 연평균 20%대에 불과했다. 그러나 연 20%대의 수익이 수십 년간 복리로 늘어나면서 그는 세계적인 갑부가 되었다.

그는 사람들이 어떻게 해야 부자가 될 수 있느냐고 질문을 하면 높은 언덕에서 눈덩이를 아래로 굴리는 효과를 이용해야 한다고 조언해준다. 작은 눈덩이를 뭉치면 처음에는 보잘것없지만, 이것을 높은 언덕에서 아래로 굴리면 눈덩이가 구르면서 눈이 걷잡을 수 없이 불어나서 나중에 언덕 밑에 이르렀을 때에는 엄청나게 큰 눈덩이가 된다. 이게 바로 복리효과다.

그는 복리효과를 이용해서 부자가 되어야 된다고 한다. 그 자신이 이미 11세 때부터 눈덩이를 뭉쳐서 수십 년이라는 세월의 언덕에서 굴렸기에 오늘날 부자가 된 것처럼 말이다.

단기간에 수십 %의 수익을 기대하고 연간 수백%의 수익은 나야 양이 차는 사람들은 경사가 급하고 곳곳에 바위와 나무 같은 위험요소가 산재한 언덕에서 무리하게 눈덩이를 굴리는 것과 같다. 눈덩이는 짧은 시간 화려하게 구르다가 이내 바위에 부딪혀 산산조각이 나고 날리는 눈가루 속에 헛된 꿈도 같이 날아가게 되고 만다.

워런 버핏은 가치가 있지만 저평가된 기업을 발굴해서 매수한 뒤에 그 종목이 시장에서 가치를 인정받을 때까지 뚝심 있게 기다린다는 아주 단순한 투자 원칙을 가지고 오랜 세월의 언덕에서 눈덩이를 굴린 셈이다.

워런 버핏이 좋아하는 종목들

독점적 사업자의 위치에 있는 회사
시장에서 독점적인 지위에 있어서 시장을 선도하고 다른 경쟁사에 비해서 우월한 위치를 점하고 있는 기업. 독점적인 지위에 있지 않으면 경쟁자에게 금방 추월당할 수 있다.

자기자본이익률(ROE)이 높은 기업

자기 자본에서 수익이 차지하는 비율이 높아야 투자 자산 대비 효율적인 기업활동을 하고 있는 것이다.

주주를 존중하는 기업

자신들에게 투자한 주주를 존중하는 기업은 결국 투자자에게 좋은 성과를 안겨주지만 주주를 존중하지 않는 기업은 언제 어떤 형태로든지 주주에게 실망과 배신감을 안겨줄 수 있다.

현금 흐름이 좋은 기업

재무제표상으로 좋아 보이는 기업도 그 내면은 그렇지 못한 경우가 많다. 그러나 현금 흐름이 좋으면 결국 내부의 다른 문제점을 해결할 수가 있다.

워런 버핏이 싫어하는 종목들

잘 모르는 분야와 회사에는 절대 투자하지 않는다.

잘 아는 분야와 회사에 확신을 가지고 투자를 해도 실패할 수가 있는데 잘 모르는 분야와 회사의 경우는 말할 나위가 없다. 아무리 그럴 듯해 보여도 잘 모르는 분야는 피한다.

한 가지 제품에 회사의 운명이 좌우되는 기업에는 투자하지 않는다.

한 가지 제품에 '올인'하는 기업은 해당 제품의 판매와 수익성에 문제가 발생하면 금방 회사 전체가 흔들리게 된다. 지금 아무리 잘나가는 기업이라도 시장에서 회사가 자신 있게 내세울 수 있는 제품이 하나밖에 없다면 그 기업은 투자대상에서 제외한다.

부채가 많은 기업은 쳐다보지도 않는다.

사람이나 기업이나 부채가 많은 것은 문제가 있다. 겉으로 아무리 화려하게 멋을 부렸어도 그게 다 빚이라면 나중에 결제할 때 큰 고충을 겪게 된다. 기업체도 마찬가지이다.

매출이 많아도 이익률이 나쁜 기업은 피한다.

기업은 이익을 내야 하는 것이 기본이다. 아무리 매출이 많아도 손익이 적고 수익률이 낮으면 헛장사를 하는 것이다. 수익성에 문제가 있는 기업은 기업으로서 기본기가 부족한 것이다.

경영진이 정직하지 않고 능력에 문제가 있는 회사는 피한다.

회사에 있어서 경영진의 역할은 매우 중요하다. 선장이 능력에 문제가 있거나 정직하지 않고 도덕적인 문제가 있다면 배는 산으로 가거나 풍랑 속에서 헤매다가 침몰하고 만다.

워런 버핏이 우리에게 들려주는 투자 철학

돈에 집착하기보다는 투자 과정 자체를 즐겨라.

내가 주식에 투자하는 것은 돈을 벌기 위해서가 아니라 주식 투자가 재미있고 주식을 가지고 있는 것이 행복해서라고 느끼기 시작해보라. 당신도 모르는 사이에 계좌는 풍성해져 있을 것이다.

단기적인 시세차익을 바라고 매수하지 말라.

투자를 결정하기 전에는 충분히 심사숙고를 해야 하지만 일단 투자 결정을 하고 매수를 했으면 단기적인 시세의 흐름에 연연하지 않아야 하고, 단기적인 시세차익을 노리는 매매행태는 해서는 안 된다.

자신의 투자 방식을 일단 신뢰하라.

자신의 투자 방법이 옳고 그름을 판단하려면 최소한 1~2년의 시간은 걸린다. 이 기간 동안에는 자신의 투자 방법을 일단 믿고 따르라. 설사 그 투자방법이 잘못되었다고 하더라도 이 방법에서 저 방법으로 오락가락하면서 범하게 되는 실수의 피해보다는 그 손실이 훨씬 적기 때문이다.

좋아하는 공이 올 때까지 기다려라.

야구 경기에서 타자가 타석에 들어서면 투수가 던지는 모든 공에 방망이를 휘둘러야 한다는 법은 없다. 자신이 좋아하는 공을 기다렸다가 기회가 왔을 때 힘껏 때리면 된다. 조바심을 내고 모든 공에 욕심을 내다가는 삼진 아웃만 당할 뿐이다.

시장이 폭락할 때는 바겐세일의 기회가 오는 것이다.

주가가 폭락하면 평소에 관심 있었던 종목을 매수할 기회가 온다. 사람들이 백화점에서 우르르 몰려나올 때에 쇼핑백을 들고 들어가서 반액 할인의 바겐세일을 즐겨라.

주가를 거래하지 말고 기업을 거래하라.

주가가 오를 것 같아서 매수하고 주가가 하락할 것 같아서 매도하는 것은 주가를 거래하는 것이다. 주식 투자는 주가를 거래하는 것이 아니라 기업을 거래하는 것이다. 기업의 가치가 올라가면 매수하고 기업의 가치가 하락하면 매도하라. 결국은 기업 가치가 주가를 이기게 되어 있다.

워런 버핏은 성공적인 투자를 위해서 지나치게 복잡하거나 기술적인 분석에 치중하는 것을 경계한다. 그는 특히 개인투자자는 전문가와는 분명히 다른 입장에 있기 때문에 어설프게 그들을 따라하기보다는 자신에게 적합한 단순한 투자 철학을 가지라고 충고하고 있다.

그가 우리에게 권하는 투자 철학은 단지 주식 투자의 영역에서만 적용이 되는 것이 아니라 인생살이에도 적용이 될 수 있는 내용들이다.

오랜 세월 투자를 통해 부를 쌓았으면서도 겸손함과 소박함을 잃지 않고 사람에 대한 애정을 갖고 재산을 사회에 환원하는 그의 모습을 통해, 우리는 성공적인 투자자로서뿐만 아니라, 인간 워런 버핏의 일면도 엿볼 수 있다.

02

워런 버핏의 스승이자
현대적인 투자이론의 창시자
- 벤저민 그레이엄 -

벤저민 그레이엄(Benjamin Graham)은 1894년 영국에서 태어났는데, 그가 태어나자마자 그의 가족은 미국 뉴욕으로 이주했다. 그는 9세 때에 아버지를 여의고 어려운 가정환경 속에서 생계를 위해 아르바이트를 하면서 컬럼비아 대학을 졸업하고 월스트리트로 진출했다.

그는 20대 중반에 이미 그의 능력을 인정받아서 고액의 연봉을 받으면서 애널리스트로 활약했다. 1920~30년대의 미국의 주식시장은 묻지마 투자와 주가 조작 등이 난무하고 이렇다 할 투자 원칙이나 기법도 없이 소문에 의해서 좌우되는 복마전이 판을 치던 시절이었다. 이렇게 혼란스럽던 증권시장은 1934년에 증권거래위원회가 출범하면서 겨우 제자리를 찾아가기 시작했다.

벤저민 그레이엄은 이런 혼탁한 시절에 최초로 과학적인 투자 기법을 창시하고 가치 투자에 대한 개념을 정립했다. 그의 선구자적인 업적은 이후 대학에서 강의를 통해서 워런 버핏 같은 수많은 제자들에게 많은 영향을 미쳐서 근대적 의미의 주식 투자의 대부로 불리기도 한다. 1946년에는 주식 투자의 고전이라고 할 수 있는《현명한 투자자(The Intelligent Investor)》라는 저서를 저술하기도 했다.

그는 또한 지적인 호기심이 많아서 주식 투자뿐만 아니라 문학과 철학에 많은 관심을 가지고 문학작품을 번역하기도 하는 등 다양한 분야에서 능력을 발휘했다.

저평가된 가치주를 판단하는 3가지 원칙

그는 기업의 재무제표를 분석해서 기업의 '상태'을 기준으로 하는 적정 주가를 도출하는 것에 심취했다. 그는 자신이 분석한 내용을 가지고 일반 투자자들이 주가의 적정성을 판단할 수 있는 계량적인 투자 원칙을 정립하기를 원했다. 그래서 결국 주가의 적정성을 판단해서 가치에 비해서 주가가 저렴한 주식을 발굴할 수 있는 방법론을 창안하게 되었다.

주가가 순유동자산(유동자산-유동부채)의 2/3 이하인 종목에 투자하라.

순유동자산이란 간단히 말하면 현금이나 어음처럼 바로 현금화가 가능한 자산에서 당장 갚아야 하는 부채를 차감한 것을 의미한다. 즉 당장 회사를 청산했을 때 주주가 받을 수 있는 금액보다 주가가 저렴한 종목에 투자를 하라는 것이다. 주식에 투자를 했다가 회사가 도산하는 최악의 상황이 되더라도 회사의 자산을 처분하면 자신이 투자한 금액은 건질 수 있는 '청산가치'가 있는 종목이어야 한다는 것이다.

주가수익률(PER)의 역수가 신용등급 AAA 채권 수익률 2배가 넘는 종목에 투자하라.

이것은 주가수익률(PER)의 역수가 최소한 채권 투자의 수익률보다는 2배가 넘어야 투자가치가 있다는 것이다. 예를 들어 주가수익률(PER)이 4이고 신용등급 AAA 채권 수익률이 5%라면 주가수익률은 25%(역수 1/4)가 되므로 채권 수익률 5%의 5배가 되어 투자할 만한 종목이라는 것이다.

배당수익률이 신용등급 AAA인 채권 수익률의 2/3 이상인 종목에 투자하라.

채권 수익률이 5%일 경우, 어떤 주식 종목의 배당 수익률이 5%의 2/3인 3.3%이상이면 투자할 가치가 있다는 것이다. 현재의 기준으로 보면 배당 수익률이 높은 고배당 종목에 투자하라는 의미가 될 수 있다.

벤저민 그레이엄이 우리에게 들려주는 투자철학

투기를 하지 말고 투자하라.

그는 투자와 투기를 구분해서 투자자들이 투기에 나서는 것을 자주 경고했다. 그의 견해에 따르면 투자라는 것은 완벽한 분석을 토대로 투자자금의 수익성과 안정성이 보장되는 것이라고 했다. 반면에 수익성과 안정성 중에 하나라도 문제가 있으면 투기라는 것이다. 그의 주장에 따르면 수익성을 포기하고 안정성에 중점을 둔 은행예금도 투기가 되어버리고 만다. 우리가 아는 투기라는 개념과는 사뭇 다르다는 생각이 들지만 어쨌거나 제대로 된 의미에서의 투자가 아니라고 보고 그렇게 정의한 것이라고 생각할 수 있을 것이다.

시장의 과열 여부를 판단하라.

앞에서 설명한 주가가 순유동자산(유동자산-유동부채)의 2/3 이하인 종목에 투자하라는 원칙은 시장 전체의 분위기를 파악하는데도 활용될 수 있다. 이러한 종목이 많을 경우는 시장이 침체되어 있는 것이므로 투자의 기회가 되지만 반대로 이런 종목을 찾기가 어려우면 시장은 과열되어 있다는 것이다.

즉. 회사의 청산가치에 비해서 주가가 높게 형성이 된다는 것은 그만큼 주가에 거품이 있는 것이고, 이런 종목이 많다는 것은 시장의 과열을 알려주는 신호라는 것이다.

주식을 매수하거나 매도할 때에는 분명한 이유가 있어야 한다.

어떤 주식을 매수하려고 하거나 매도할 때에는 도대체 왜? 무슨 근거로 하는지 완벽한 이유를 댈 수 있어야 한다. 그는 투자 담당자가 어떤 종목의 매수나 매도 의견을 그에게 표하면 꼬치꼬치 캐묻고 꼬투리를 잡고 늘어졌다.

이때 담당자가 그의 이런 행동에 대해서 완벽하게 설명을 하지 못하면 그 주식은 사거나 팔 이유가 없다고 판단했다.

그는 주식을 매수하거나 매도할 때는 완벽할 정도의 분석을 통해서 강한 자신감과 신념이 있어야 고통을 견딜 수 있다고 생각했다.

달걀을 한 바구니에 담지 말고 분산 투자하라.

그는 그가 제시한 저평가된 주식을 발굴하는 투자 기법이 성공하려면 여러 종목에 분산투자를 해야 한다고 했다. 아무리 완벽한 분석을 했다고 해도 결과는 실패로 끝날 수도 있기 때문에 분산 투자를 통해서 위험 분산을 해야 성공할 수 있다는 것이다.

미래는 알 수가 없기 때문에 성장주라는 유혹에 현혹되지 마라.

성장 가능성이라는 것은 결국 미래의 이야기이고 미래는 아무도 알 수 없는 것이므로 성장가능성이 높게 예상이 된다고 부추기는 성장주의 유혹에 쉽게 넘어가지 말라고 한다.

벤저민 그레이엄의 종목 발굴 원칙과 투자철학은 현재의 투자자들 관점에서 본다면 익히 들어본 개념이라 '뭐 특별한 게 있나' 하는 회의감이 들 수도 있다. 그러나 소문과 감에 의한 투자가 난무하던 1920~30년대에 이러한 투자 원칙을 정립하기 위해 노력했다는 사실에 주목해야 한다.

이미 반세기도 훨씬 전에 그가 제시했던 이런 투자철학이 우리나라에 정착하기 시작한 것이 불과 20년 남짓이라는 것을 감안하면 그의 분석방법과 투자철학이 얼마나 시대를 앞선 선구자적인 것이었는지 알 수 있을 것이다.

03

70년이 넘는 세월 동안
낭만적인 투자를 즐긴 투자의 예술가
- 앙드레 코스톨라니 -

앙드레 코스톨라니(André Kostolany)는 1906년 헝가리에서 출생했다. 그는 18세의 나이에 파리로 가서 주식 투자를 배우고 주식중개인으로 일했다. 1999년 93세의 나이로 사망할 때까지 무려 70년이 넘는 세월 동안 주식 투자를 했다.

그는 주식 투자를 단순히 돈을 벌기 위한 행위로서가 아니라 인생을 즐기는 방법의 하나로서 즐겁고 유쾌하게 투자를 즐겼다. 그는 피아니스트가 꿈이었으며 평생 음악과 미술, 문학 등 다양한 분야의 예술을 즐기는 한편 또 다른 예술의 하나로서 주식 투자를 즐겼던 것이다.

그는 또한 돈에 대해서 매우 솔직하고 명쾌한 견해를 가지고 있었다. 백만장자란 자기의 자본을 가지고 누구의 간섭이나 통제를 받지 않으면서 자기가 원하는 바를 행할 수 있는 사람이라고 정의했다. 이들은 다른 사람에게 굽실거릴 필요가 없으며 자신이 하고 싶은 일을 즐기면서 인생의 여유를 누릴 수 있는 사람들이라는 것이다. 그래서 백만장자의 기준은 단순히 백만이라는 돈의 숫자가 중요한 것이 아니라 인생을 즐기는 데 필요한 돈에 대한 자유로움의 정도가 더 중요하다고 했다.

어떤 사람이 수백만 달러를 가지고도 돈을 통한 자유와 인생의 즐거움을 누리지 못한다면 그는 백만장자가 아닌 것이고, 수만 달러로도 돈으로부터 여유로울 수 있고 인생을 즐겁게 산다면 오히려 그가 진정한 백만장자라고 했다.

그는 사람들이 돈에서 자유롭고 인생을 즐기기 위해서 백만장자가 되고 싶어하고 이를 이루기 위해서 투자를 하는 것이라고 했다.

주식시장에 참여하는 3종류의 투자자

앙드레 코스탈로니는 주식시장에 참여하는 투자자를 다음과 같은 세 가지 부류로 분류했다.

- 단기(短期)투자자 : 주식시장의 사기꾼
- 장기(長期)투자자 : 주식시장의 마라토너
- 순종(純種)투자자 : 주식시장의 전략가

단기투자자 : 주식시장의 사기꾼

그는 단기투자자는 투자자라는 호칭을 들을 자격이 없는 주식시장의 사기꾼으로 간주했다. 단기투자자는 항상 외줄타기 곡예를 하듯이 단기간에 이리 갔다 저리 갔다 하기 때문에 큰 수익을 거두기가 어렵고, 몇 번의 곡예를 성공적으로 끝내서 박수 세례를 받아봐야 한 번 떨어지면 모든 게 끝장날 뿐이라는 것이다.

단기투자자들은 이런 단점을 극복하기 위해서 컴퓨터로 온갖 분석을 하고 차트를 연구하지만 결국 이런 기술적인 도구들은 그것을 만든 사람의 수준을 벗어날 수가 없기에 한계가 있다는 것이다. 그는 자신이 70년이 넘는 투자 생활을 하면서 단기투자자가 시장에서 장기적으로 살아남아서 계속해서 수익을 내는 사람을 한 사람도 본 적이 없다고 역설했다. 증권사와 금융 브로커들이 자신의 수입을 위해서 사람들을 단기투자라는 구렁텅이로 밀어넣고 있다고도 주장했다.

이처럼 단기투자자에 대해서 부정적이지만 단기투자자도 그 나름대로 시장에서 충실한 역할을 한다는 점은 인정을 하고 있다. 단기투자자들 덕분에 시장에 유동성이 풍부해지고 거래가 활성화된다는 것이다. 만약에 시장에 장기투자자들만 있다면 하루에 한 건도 거래가 이루어지지 않는 매우 한산한 분위기로 인해서 시장은 붕괴될 수도 있을 것이다.

그는 이처럼 단기투자자를 주식시장의 사기꾼이라고 비난하면서도 그들의 필요성 자체는 인정을 하고 있다. 단지 여러분 자신이 그러한 필요악이 되지는 말라는 충고와 함께 말이다.

장기투자자 : 주식시장의 마라토너

장기투자자는 당장의 이익이 목표가 아니라 미래의 부가 목적이다. 노후 생활이나 자식들에게 물려주기 위해서 투자를 한다. 그래서 이들은 시장의 움직임에 크게 연연하지 않으며 세월의 흐름 속에 몸을 맡긴다.

이들은 위험을 싫어하기 때문에 한두 종목에 투자하기보다는 이른바 우량 주에 골고루 분산투자를 한다. 이러한 장기투자자는 증시가 좋을 때나 혹은 나쁠 때, 그 언제 투자를 시작했어도 결국은 수익을 얻게 된다. 왜냐하면 주식은 하락을 하고 나면 언젠가는 사상최고치를 기록하면서 다시 상승을 하는 일이 반복되기 때문이다.

그래서 장기투자자는 적은 돈으로도 결국 백만장자가 될 수 있다. 그러나 사람들은 이러한 장기투자자를 비웃으며 브로커가 등을 떠미는 대로 단기투 자의 유혹에 빠지고 만다는 것이다.

순종투자자 : 주식시장의 전략가

순종(純種)투자자는 단기투자자와 장기투자자의 중간쯤의 존재로 볼 수 있지만, 그의 견해에 의하면 중간이라는 의미가 기간을 의미하지는 않는다. 순종투자자는 장·단기 투자자와는 구분되는 별개의 종으로서 존재한다.

이들은 장기투자자와 달리 증시의 움직임에 많은 관심을 보이지만 단기투자자처럼 증시의 작은 움직임에 반응하지는 않는다. 즉, 관심은 있지만 움직임은 진중한 스타일이다. 이들은 작은 파도보다는 대세의 흐름을 눈여겨보다가 큰 흐름의 변화가 일어날 때에 비로소 움직이기 시작한다. 그래서 순종투자자는 나름대로 증시를 움직이는 여러 요소에 대한 안목과 지식을 갖추고 있고 그러한 능력을 토대로 시장의 큰 흐름을 분석하는 데에 몰두한다.

그의 분류에 의하면 순종투자자가 제일 그럴듯하고 수익도 좋지 않을까? 안타깝게도 순종투자자가 되기 위한 과정은 많은 고통과 노력이 따른다. 그리고 어디 가서 외국어 강좌 듣듯이 등록해서 배울 수 있는 것도 아니다.

그래서 그는 절대로 단기투자자가 되지 말라고 첫 번째 주의를 주고, 순종투자자로서의 자질이 있으면 그 길을 가라고 한다. 그렇지만 순종투자자로서의 자질이 없는 상당수의 사람들에게 그는 다음과 같은 말로 장기투자자의 길을 권한다.

"투자에 성공하고 싶으면 우량주에 분산 투자해놓고는 수면제를 먹고 몇 년 동안 푹 자라!"

앙드레 코스톨라니가 우리에게 들려주는 투자 철학

- 단기적인 수익을 얻기 위해서 주식을 사고 팔지 마라.
- 주가의 변화에 너무 민감하게 부화뇌동하지 마라. 그래봐야 달라지는 것은 없다.

- 돈 계산만 하는 사람은 막상 장사는 엉망이다. 수익과 손실 계산에 몰두하지 마라.
- 지나간 시가(주가)를 놓고서 후회하지 마라.
- 사람들의 비밀스러운 소문이나 추천종목에 귀 기울이지 마라.
- 수익이 났다고 기고만장하지 마라. 그보다 더 큰 화를 자초할 것이다.
- 손실을 받아들여라. 손실을 회복하려는 발버둥은 더 큰 손실을 부를 뿐이다.
- 어떤 상황에서 사람들이 주식을 팔고 사는지 잘 알고 있다고 자만하지 마라.
- 일단 주식을 사놓으면 희망을 가지고 잊고 지내라.
- 시장의 작은 호재나 악재 등에 민감하게 반응하지 마라.

앙드레 코스탈로리는 주식 투자에 대한 강연을 하는 자리에서 사람들에게 인생을 즐기라는 말을 자주했다. "인생을 즐기고 인생을 즐기는데 필요한 돈을 버는 투자도 즐기라"고.

어떻게 하면 돈을 벌 수 있느냐는 우리의 질문에 그는 다음과 같이 대답한다. "돈, 뜨겁게 사랑하고 차갑게 다루어라!"

04

흔들리지 않는 심리투자 법칙을 제시한
정신과 의사 출신 투자가
- 알렉산더 엘더 -

알렉산더 엘더(Alexander Elder)는 구 소련 시절 레닌그라드(현 상트페테르부르크)에서 태어났으며 의과대학에 입학해서 전문의 과정을 마친 후에는 배에서 근무하는 의사가 되었다. 어느 날 그는 항해하는 배에서 무작정 뛰어내려서 미국으로 망명을 했고 이후 뉴욕에서 정신과 의사로 활동하는 한편, 신문사에서 정신분석에 대한 편집자로, 또한 대학교수로 강단에 서기도 했다.

그러던 그는 갑자기 투자자로 변신해서 심리학과 투자기술을 접목한 심리투자 법칙을 제시하며 전문적인 트레이더의 길에 들어선 특이한 배경을 지닌 투자자다. 이러한 그의 배경으로 인해서 그는 주식 투자에 있어서 가장 중요한 요소는 바로 사람들의 심리라는 것을 간파했다.

시장에서 성공하기 위한 3대 요소

- 심리상태
- 자금관리
- 시장에 대한 분석과 매매시스템

그는 시장에서 성공하기 위해서는 심리상태, 자금관리, 그리고 시장에 대한 분석과 매매시스템의 3박자가 맞아야 한다고 했다. 그중에서도 그는 심리상태와 자금관리가 가장 중요하다고 했다. 시장에 대한 분석과 매매시스템이 아무리 좋아도 결국 심리와 자금관리가 안 되면 아무 의미가 없다는 것이다. 반대로 심리상태와 자금관리가 좋으면 아무리 엉망인 매매시스템이라 해도 최소한 시장에서 퇴출되지 않고 살아남을 수가 있다는 것이다.

투자는 자기 내면과 싸우는 심리전

알렉산더 엘더 친구의 아내는 항상 다이어트를 하고 사는데도 언제나 통통한 몸매 그대로였다. 그래서 그가 자세히 살펴보니 친구의 아내는 식사 모임에서 사람들 앞에서는 적게 먹으면서 다이어트를 하는 척했지만, 수시로 부엌에 드나들었다. 그녀는 말로는 다이어트를 외쳤지만 실제로는 다이어트로 변화된 자신의 모습에 만족하기 위해 음식을 줄이는 고통을 감수하기보다는, 남몰래 맛있는 것을 먹어 치우는 짧은 순간의 스릴과 만족감에 더 탐닉하고 있었던 것이다.

그는 이를 계기로 투자자들의 투자행태를 분석했다. 그랬더니 사람들이 겉으로는 안정적이고 장기적으로 성공하는 투자자가 되고 싶다고 말을 하면서 실제로는 짧은 시간의 스릴과 일확천금이라는 마약 같은 환상에 젖어서 매우 투기적이고 위험한 매매를 한다는 사실을 발견했다.

그래서 그는 사람들이 주식 투자에서 실패하는 이유는 다른 외부적인 이유가 아니라 자신이 자신을 속이는 이율배반적인 심리 구조 때문이라고 역설한다. 그리고 제대로 된 투자를 하려면 롤러코스터에서 뛰어내리라고 충고한다. 수많은 투자자들이 성공적인 투자를 위한 거래의 기회를 찾기 위해서 이성적인 분석과 많은 노력을 한다. 그렇지만 돈이 오고 가는 매매의 현장에만 들어가면 롤러코스터를 탄 것처럼 통제력을 잃어버리고는 작은 수익에 기뻐서 어쩔 줄을 모르고, 작은 손실에도 이성을 잃고 흥분하고 만다는 것이다.

하루 종일 실컷 롤러코스터를 타고 나면 속이 울렁거리고 머리는 지끈거리고 다리는 휘청거리는 것처럼, 주가의 출렁임에 휘둘려서 충동적인 매매를 하고 난 뒤에는 후회와 깡통 계좌만 남는다.

그래서 그는 좋은 매매와 좋은 정신분석간에는 서로 공통점이 있다고 한다. 즉, 현실과 세상을 있는 그대로 바라보고 느낄 수 있는 눈과 마음이 필요하다. 올바른 정신으로 살아가는 것이나 올바른 투자를 하는 것이나 결국 같은 정신자세가 필요하다. 투자에 있어 일희일비(一喜一悲)하지 말고 마음을 잘 다스려야 한다.

또한 그는 투자에 실패하는 사람들과 알코올 의존증 환자와 비슷한 점이 있다는 분석을 했다. 알코올 의존증 환자는 자신이 음주를 조절할 수 있다고 착각한다. 술을 한두 잔 마시기 시작하면 취할 때까지 마시지만 자신은 결코 취했다고 생각하지 않는다. 나중에 지인들에게 자신이 술에 취해 한 행동에 대해서 이야기를 들으면 그때는 술을 끊어야 하겠다고 생각이 든다. 하지만 딱 한 잔만 하면 아무 문제가 없을 거라는 내면의 유혹에 다시 술을 마시는 악순환을 거듭한다.

투자에 실패하는 사람도 이와 비슷하다. 자신이 투자에 대한 자신의 심리와 판단을 자제할 수 있다고 착각한다. 소액으로 조금씩 시작해서 어느덧 감당하기 힘든 액수로 늘어난 투자자금으로 인해서 이성을 잃고 우왕좌왕하다가 돈을 몽땅 날리고는 후회를 하지만 어느 순간 다시 빚을 얻어서는 투자에 나서는 자신의 모습을 발견한다. 조심해서 소액으로 조금만 하자는 마음으로 다시 시작하지만 역시나 술에 취하고 나중에 후회하는 알코올 중독자와 같은 상황을 반복한다.

자금 관리, 시장에서 살아남는 생존이 최우선

그는 자금관리의 핵심은 시장에서 살아남는 것, 즉 생존이 최우선이다. 절대로 투자자금 전체를 위험에 빠뜨리지 말라고 충고하고 있다. 만약에 수중에 100만 원이 있는데 이를 10만 원씩 나누어서 투자하면 10번의 기회가 있지만 100만 원을 모두 투자하면 1번에 모든 것을 걸어야 한다. 다음 표에서 보듯이 100만 원의 자금에서 10%의 손실을 보면 90만 원이 남는다. 이 상태에서 원금을 복구하려면 다음에 11%의 수익을 올리면 된다. 그러나 20%의 손실을 본다면 원금 회복을 위해서는 25%의 수익을, 40%의 손실을 보았다면 67%의 수익을, 50%의 손실은 100%의 수익을 내야 복구가 가능해진다. 아래 표처럼 원금의 절반을 손해봤다면 그 두 배의 수익을 올려야 원금 복구가 가능한 것이다.

그런데 손실 비율이 늘어날수록 이 비율은 기하급수적으로 늘어난다. 만약에 90%의 손실을 보았다면 무려 900%의 수익을 올려야 한다. 결국 손실의 비율이 커질수록 이를 회복하기 위해서는 엄청난 수익의 기회를 찾아야 하기 때문에 사람들은 자포자기하거나 더욱 투기적으로 시장에 돌진하는 악순환을 반복한다.

손실률에 따른 원금 복구에 필요한 수익률(초기 자산 100만 원 기준)

손실률(%)	남은 자산(만 원)	원금 복구에 필요한 수익률(%)
10	90	11%
20	80	25%
40	60	67%
50	50	100%
70	30	233%
80	20	400%
90	10	900%
95	5	1,900%

알렉산더 엘더가 우리에게 들려주는 투자 철학

절대로 탐욕을 가지고 투자에 덤비지 말라.

시장은 언제나 열려 있고 기회는 오늘이 아니더라도 얼마든지 있다. 조급함과 탐욕이 당신을 망친다.

시장에서 오래 살아남는 사람이 승리한다.

시장에서 오래 살아남기 위해서는 자금 관리에 만전을 기하라. 일단 살아남아야 수익의 기회가 온다.

시장을 분석하는 자신의 방법을 발전시켜라.

시장은 항상 변화하기 때문에 시장을 분석하는 방법도 항상 변화해야 한다.

승리자들은 패자와는 다르게 생각하고 느끼고 말한다.

승리자들처럼 되기는 어렵지만 노력하는 과정만으로도 이미 패자와는 다른 성공의 길에 한발을 내딛는 것이다.

알렉산더 엘더는 다양한 심리분석을 투자에 적용하면서 투자의 심리학이라는 영역을 개척했다. 결국 마음가짐이 중요하다는 그의 철학은 비단 주식투자에만 해당되는 조언은 아닐 것이다.

05

수많은 투자자를 백만장자로 만들어준
전설적인 펀드매니저
- 피터 린치 -

피터 린치(Peter Lynch)는 미국 피델리치(Fidelity)사 마젤란(Magellan) 펀드의 전설적인 펀드매니저였다. 그가 펀드를 맡은 1977년부터 1990년까지 13년 동안 단 한 해도 손실을 본 적이 없었으며, 연평균 수익률은 29%이었고, 총 누적 수익률은 무려 2700%에 달했다.

그는 미국 보스턴에서 수학자의 아들로 태어났는데, 어려서 일찍 아버지를 여읜 탓에 어린 나이에 생업전선에 뛰어들어야 했다. 대학 시절에는 캐디생활을 하다가 피델리티에서 인턴사원을 하게 되면서 금융시장에 발을 내디뎠다. 그 후 이 회사에 정식으로 입사한 후에는 약 8년 동안이나 조사분석가로서 불평불만 없이 끈기 있게 자신에게 주어진 업무에 충실했다. 이러한 그의 성실성과 노력을 인정받아서 1977년에 그는 마젤란 펀드의 펀드매니저가 되어 신화적인 기록을 세우기 시작했다.

발로 뛰는 분석과 성실한 노력이라는 단순한 상식이 만든 신화

그는 발로 뛰는 투자자였다. 수많은 기업에 대한 정보를 책상에 앉아서 보고서만으로 판단하지 않고 직접 회사를 찾아 다니면서 자신의 눈과 귀로 직접 회사에 대한 모든 것을 확인한 후에 투자판단에 대한 결정을 했다.

그는 항상 새벽 일찍 일어나서 투자를 위한 일과를 시작했다. 이런 성실함과 부지런함으로 그는 매년 평균 200개가 넘는 기업들을 직접 방문하고 1천 개에 달하는 기업 연차 보고서를 꼼꼼하게 읽어보는 강행군을 계속했다.

그는 이처럼 발로 뛰는 현장의 분석을 통해서 생생하게 살아 있는 회사의 숨소리와 심장 박동 소리를 듣고 병이 있는지, 아니면 건강한지를 판단해서 투자를 했다. 이러한 노력을 통해서 회사에 대한 제대로 된 분석을 할 수가 있었기에 그는 저평가된 좋은 기업들을 찾아서 발굴해 낼 수 있었고, 자신이 발굴해서 투자한 종목들의 주가의 움직임이 기대치에 미치지 못해도 강한 신념을 가지고 어려움을 극복해 낼 수 있었다. 그는 발로 뛰는 노력으로 정확한 판단을 했으며 자신의 판단에 대한 신념은 결국 그에게 뛰어난 투자 수익으로 보답을 하게 된 것이다.

그는 자신이 투자한 종목에 대해서는 시세의 움직임에 대해서 크게 동요하지 않고 기업의 실적 등 역량의 변화에 관심을 두었다. 즉 기업의 변화가 주가로 반영되는 것이므로 기업을 보면 주가가 보인다는 것이다. 주가만 바라보고 감이 하늘에서 떨어지기를 바라는 일반인들의 투자 문화와는 질적으로 다른 그의 투자철학을 엿볼 수 있는 대목이다

그는 경제나 정치 등 증시 전반에 영향을 미치는 요소에 대해서는 크게 연연하지 않는 투자 철학을 지녔다. 그는 이러한 거시적인 경제 요소보다는 각 개별 기업의 상황에 집중하는 분석을 했다. 어차피 경제 상황에 따라서 오르고 내리는 주가를 예측하기는 어렵지만, 개별 기업을 분석하고 그 기업의 향후 성장 가능성을 판단하기는 상대적으로 쉽다는 것이다.

그리고 그는 어차피 장기투자를 하기 때문에 증시의 단기적인 움직임은 뛰어 넘을 수 있다고 판단했다. 증시가 좋아도 투자 종목을 잘못 선택하면 아무 의미가 없고, 반대로 증시가 나빠도 오를 종목들은 오른다.

그러한 개별 종목의 주가 움직임은 단기적으로는 증시의 움직임에 영향을 받지만 장기적으로는 그 개별 기업 자체의 역량에 주가가 수렴하는 것이므로 증시 움직임에 크게 연연할 필요가 없다는 것이다. 그의 투자 철학에 따르면 기업에서 벌어지는 여러 가지 상황에 의해서 주가는 영향을 받는데, 그 영향이 주가로 나타나는 데는 시기적인 차이가 있기 때문에 결국 장기적으로 보유를 하면 그러한 영향의 효과가 100%로 반영된다. 그리고 그 상황이 '좋은 상황'이라는 신념을 가진 기업에 투자를 하면 결국 좋은 상황은 장기적으로 100% 주가에 반영되어 수익을 거둘 수 있다.

그래서 그는 언제나 개별 종목의 분석에 많은 시간과 노력을 쏟았으며 증

시 전반적인 움직임은 자신이 어떻게 할 수 있는 영역이 아니라면서 연연하지 않았다.

투자 철학과 인생 철학은 결국 같은 맥락

피터 린치가 선호 · 기피하는 종목의 기업특성 비교

구분	선호하는 종목의 특성	기피하는 종목의 특성
기업의 성장성	너무 높지 않은 적정한 성장을 하는 기업	연간 100% 내외의 높은 성장을 하는 기업
주가수익률 (PER)	업종 평균에 비해서 PER이 낮은 기업	업종 평균에 비해서 PER이 지나치게 높은 기업
자사주 거래	기업이 자사주를 사들이고 직원들의 자사 보유율이 높은 종목	최대주주들이 주식을 팔고 직원들의 자사주 보유율이 낮은 기업
기술개발	기존에 시장에서 검증된 기술을 개선 활용하는 기업	검증되지 않은 첨단, 최초의 기술이라고 주장하는 기업
경기 영향	경기와 상관없이 사람들이 구매하는 필수품을 제조 · 판매하는 기업	경기에 민감하게 영향을 받는 제품을 제조 · 판매하는 기업
사업 영역	시장에서 확고하게 자신의 입지를 굳히고 있는 기업	여러 분야에 진출했지만 확고한 자신의 입지가 없는 기업
지적재산권	영업권, 상표권, 특허 등 각종 권리를 보유하고 있는 기업	외부에 로열티를 지불하고 남의 권리에 의존하는 기업
정보 공개	기업 내부 정보가 투명하게 공개되어 있는 기업	폐쇄적이고 뭔가 비밀이 있는 분위기를 풍기는 기업
재무제표	현금흐름이 좋고 재무제표의 변동이 적은 기업	현금 흐름 등 재무제표의 변동이 들쭉날쭉한 기업

앞의 표는 피터린치가 선호하거나 기피하는 종목의 기업 특성을 비교한 내용이다. 표에서 보듯이 그는 너무 잘나가거나 검증되지 않은 내용으로 화려하게 투자자를 현혹하는 기업은 별로 좋아하지 않았다. 기존에 시장에서 검증된 기술을 개선 활용하는 기업을 첨단 최초라고 떠들어대는 기업들보다 선호했다.

그리고 경기변동에 크게 영향을 받지 않는 필수 소비재를 제조 판매하는 기업들이 안정적인 실적을 낼 수 있기에 그는 이러한 종목들을 선호했다. 재무제표 역시 들쭉날쭉하기보다는 안정적이고, 기업 정보가 투명하고 직원들의 자사주 보유 비율이 높은 종목을 선호했다.

지극히 상식적이고 누구나 생각할 수 있는 이런 기준으로 그는 수많은 종목들 중에서 투자 종목을 선택했다. 다소 우직한 것 같으면서도 꾸준한 성장과 실적을 유지하는 신뢰할 수 있는 기업을 선호한 그의 투자 철학은 그의 인생 철학과도 일맥상통하고 있다.

1990년 46세의 그는 평소에 자신이 즐겨하던 다음과 같은 말로 자신의 은퇴를 암시하고는 아무 미련 없이 홀연히 가정으로 돌아갔다.

"어떤 사람이 발 닿는 데까지 땅을 얻을 수 있는 기회가 생겼다. 그러자 그는 열심히 뛰어나가서 엄청나게 큰 땅을 차지할 수 있었다. 그러나 그는 거기에서 만족하지 못하고 더 달리다가 그만 지쳐서 죽고 말았다."

그는 13년 동안 최선을 다해서 일을 했기 때문에 그간 소홀했던 가정으로 돌아가서 가족과 평범하게 살고 싶다고 했다. 많은 사람들이 13년간 이어진 놀라운 신화를 창조한 입장에 있으면 그에게 주어진 부와 명예에 대한 욕심 때문에 집착을 할 것이다. 그러나 그는 정상에서 과감하게 자리를 떠났다.

피터 린치가 우리에게 들려주는 투자 철학

- 항상 여유자금으로 투자를 해야 하며 미수거래 등을 활용한 투기적인 거래는 쳐다볼 생각도 하지 마라.
- 기업에 대한 분석을 게을리하지 마라. 그 분석은 거창한 것이 아니라 본인이 알고 있는 상식과 실생활에서 접할 수 있는 단순한 내용으로도 충분하다. (신제품에 대한 소비자로서의 당신 반응이 결국 그 회사의 향후 매출과 주가에 영향을 미친다.) 본인이 잘 아는 기업에 투자하라.
- 상식이 통하는 정상적인 판단, 자제하고 참고 견디는 인내력, 있는 그대로를 바라볼 수 있는 편견 없는 분석, 상황의 변화에 순응할 수 있는 유연성 등 투자자로서의 자질을 기르는 데 노력하라.

피터 린치는 성실하게 발로 뛰면서 기업을 분석했고, 누구나 알 수 있는 지극히 평범한 기준으로 투자 종목을 선정했다. 그는 이렇게 단순한 투자 철학으로 마젤란 펀드를 13년 동안 한 번도 손해를 보지 않고 세계적인 펀드로 키웠다. 이런 피터 린치에게 우리는 더 이상 무슨 대단한 투자의 비법을 캐물을 수 있을까?

06

글로벌 투자를 개척한
소외된 주식 애호가
- 존 템플턴 -

존 템플턴(John Templeton)은 1912년 미국 테네시주의 윈체스터라는 작은 마을의 가난하지만 신앙심이 독실하고 지극히 인간적인 분위기의 가정에서 태어났다. 어려운 가정 형편이었지만 그는 어려서부터 공부에 대한 열정으로 예일대학교를 수석으로 졸업하고 장학금으로 영국 옥스퍼드 대학에서 경제학을 공부했다.

1954년에는 본인의 이름을 따서 템플턴 그로스(Templeton Growth)라는 투자회사를 설립하고 지금까지도 이어져오고 있는 템플턴 펀드를 시작했다. 그는 남들과 반대로 하는 역발상 투자와 저가주를 발굴해서 투자하는 투자 방법을 사용했다. 그리고 미국 기업의 주가가 고평가되었다고 생각하고는

1960년대에 이미 해외의 증시에 관심을 가지고 투자를 하기 시작했다. 당시 미국의 투자들에게는 별 관심도 없던 일본 시장에 대한 투자를 시작했고 이후 일본의 증시 활황으로 그는 큰 수익을 거두게 된다.

이처럼 그는 이미 오래 전부터 투자 대상을 전 세계로 확대해서 글로벌 투자를 하는 글로벌 펀드 영역을 최초로 개척한 선구자이다. 그는 또한 종교에도 심취해서 종교계의 노벨상이라고 할 수 있는 '템플턴 상'을 제정하고 '존 템플턴 재단'을 설립해서 사회 봉사활동에도 힘을 썼다. 이러한 그의 투자 철학과 신앙심에 바탕을 둔 인생관으로 인해서 수익을 위해서 부도덕하거나 양심에 위배되는 투자를 하는 것을 금기시했다.

이러한 영향으로 그의 회사와 펀드는 수십 년 동안 운영되면서도 투자와 관련된 민원이나 소송에 관여되는 불미스러운 일 없이 오랜 세월 동안 투자 수익 면에서, 도적적인 면에서 사람들에게 사랑을 받고 있다. 그래서 그는 '영혼이 있는 투자자'라는 칭송을 받기도 한다.

사람들이 시장을 외면할 때 매수하고, 다시 몰려들 때 팔아치워라

제2차 세계대전이 발발하고 나서 주가가 폭락하자 그는 전쟁으로 인해서 오히려 미국의 경제가 활성화되어 향후에는 주가가 폭등할 것이라고 판단했다. 그래서 그는 100여 개의 종목에 100달러씩을 투자했다. 4년이 지나 전쟁이 끝나고 나자 그는 몇 배로 불어난 수만 달러의 수익을 거둘 수가 있었다.

그는 이후에도 주식시장이 폭락하면서 사람들이 주식을 팔아 치울 때에 인기 없는 주식들을 사 모았다가 사람들이 자신이 외면했던 주식에 다시 몰려들 때면 몇 배의 수익을 거두면서 주식을 팔기를 반복했다. 사람들이 주가 하락의 공포에 빠져서 주식을 팔아치울 때는 매입을 하고, 주식시장에 몰려들어서 주식을 사들일 때는 주식을 팔아야 할 때라는 것이다. 그는 이처럼 남들과는 반대로 하는 역발상 전략이 자신의 기본적인 투자 전략이라고 투자자문을 의뢰하는 사람들에게 말하고 있다.

소외된 주식을 발굴하는 것이 투자의 묘미

그는 투자자들이 선호하는 우량주에는 관심이 없었다. 오히려 소형주에 많은 관심을 가지고 소형주에 투자를 하는 스타일이었다. 그런데 그가 이처럼 소형주를 선호하는 것은 일반인들이 생각하는 이유와는 달랐다. 사람들이 일반적으로 우량주라고 부르는 주식에 몰리는 것은 그들이 해당 기업에 대한 분석을 할 필요를 느끼지 못하거나 분석을 하기 싫기 때문이다. 우량주에 투자를 한다는 것은 이미 다른 전문가들이 분석해놓은 내용만 토대로 남들 따라서 편한 고속도로를 따라가는 셈이라는 것이다.

반면에 그는 소형주라고 아무 종목에나 투자하는 것이 아니라, 규모는 작아도 기업이 알차고 장래성이 있는지를 그가 직접 수없이 발품을 팔면서 확인을 해보고 투자를 한다. 즉 소형주라도 본인이 직접 확인을 통해서 확신이 들면 안전한 것인데, 그러한 노력을 하지 못하거나 하기 싫은 사람들이 편하게 투자를 하기 위해서 소위 말하는 우량주에 몰린다는 것이다.

228

이처럼 그는 단지 많은 시세차익을 얻기 위해서 회사 내용도 제대로 모르면서 소형주에 몰리는 투기적인 모습의 투자자와는 그 투자의 철학이 기본부터 달랐다.

이러한 소형주에 대한 애정으로 그의 투자 포트폴리오에는 항상 잘 알려지지 않은 종목들이 최소한 1/3가량은 편입되어 있었다. 남들이 모두 좋은 종목이라고 인정하는 종목은 이미 투자 기회가 적다는 것이다. 물론 그 역시 자신이 발굴한 종목이 모두 성공적인 결과를 안겨주지는 않았다는 점은 인정했다. 그래서 그는 가급적 여러 종목에 분산 투자함으로써 위험 요소를 줄였다.

진정한 투자의 묘미는 이미 각광받는 스타에게 보내는 박수가 아니라 음지에서 묵묵히 자신의 능력을 향상시키고 있는 실력 있는 무명에게 건네는 악수라는 것이다. 그래서 그는 사람들에게 외면 받고 주가가 저평가된 종목들에 관심을 가지고 그들의 투자 가치를 판단하기 위해서 수시로 관련 회사를 방문하면서 자신이 몸소 회사의 가능성을 확인하는 단계를 거쳐서 투자 종목을 선정했다.

존 템플턴이 종목을 선택하는 기준

지금은 주가수익비율(PER)이라는 지표를 활용해서 저평가된 기업을 발굴하는 것이 일상화되었지만, 그는 이미 1950~60년대에 이 개념을 활용해서 투자 대상의 기업을 발굴했다. PER이 낮은 종목을 발굴하는데, 그는 미국 내에서만 이 지표를 활용한 것이 아니라 글로벌 투자를 위한 해외 기업의 분석에도 활용했다. 그가 일본에 투자를 결정하고 종목을 선택할 때에도 일본 기업의 PER이 당시에는 미국보다 형편없이 저평가되어 있었다는 사실에 주목했다.

그리고 그는 영업이익률을 중시했다. 아무리 매출이 많아도 이익률이 낮다면 경쟁사들과 치열한 경쟁을 하고 있거나 내부적인 문제가 있는 것이기에 조만간 현금 유동성에 문제가 발생하거나 장래성이 밝지 못하다고 판단했다. 그리고 그는 회사가 청산될 때, 즉 문을 닫게 될 때 주주에게 돌아갈 수 있는 1주당의 자산가치를 중요시했다. 1주당의 자산가치가 형편없는 기업은 껍데기뿐인 기업이므로 위기가 닥쳤을 때에 이를 극복할 수 있는 내부적인 자산 능력이 없는 것이기에 그는 이러한 기업은 투자대상에서 배제했다.

이러한 재무제표상의 지표를 통한 분석 외에 그는 직접 회사를 방문하고 회사의 거래처 사람들, 소비자, 금융거래를 하는 은행의 담당자들, 심지어는 경쟁사의 담당자까지 만나서 회사에 대한 정보를 수집하고 분석했다. 이러한 내용을 토대로 그는 회사의 성장 가능성을 문서상의 수치가 아닌 살아 있는 시장의 목소리를 통해서 확인했다.

존 템플턴이 우리에게 들려주는 투자 철학

긍정적으로 세상을 바라보라. 수익이라는 녀석은 긍정적인 사람을 좋아한다.

주식시장은 오르거나 내리면서 사람들을 즐겁게도 슬프게도 만든다. 그러나 결국은 항상 긍정적인 사람의 손을 들어주었다. 왜냐하면 주식은 긍정적인 사람을 좋아하기 때문이다.

믿음과 신뢰를 가져라.

투자도 인생도 신뢰와 믿음이 있어야 한다. 주식은 신뢰하고 믿는 이에게 결국 기쁨을 선사하지만 불신하는 자에게는 배신이라는 아픔을 선사할 뿐이다.

실수로부터 배워라.

누구나 실수는 하기 마련이다. 그러나 실수를 어떻게 마무리 하느냐에 따라서 그 결과는 달라진다. 성공하는 사람은 실패의 원인을 분석하고 반성해서 같은 실수를 반복하지 않는다. 그러나 실패하는 사람은 실수의 원인을 모른 채 같은 실수를 계속 반복한다.

외로움과 고독에는 보상이 따른다.

모든 사람들이 주가 하락의 공포로 주식시장을 떠날 때에 홀로 외로움과 고독에 맞서서 시장을 지키면 그에 따른 보상을 받게 된다.

존 템플턴이 우리에게 들려주는 투자철학은 단지 투자에만 활용되는 것이 아니라 인생을 슬기롭게 살아가는 데 필요한 인생철학으로도 매우 좋은 조언이다. 결국 진정한 투자의 대가들의 투자철학은 곧 그들의 인생 철학과도 일맥상통한다.

포트폴리오를 구성할 때는 영양이 골고루 갖춰진 식단을 짜는 것과 같은 안목으로 종목을 선정해야만 한다. 고기와 야채, 곡류 등 고른 영양소를 섭취할 수 있는 식단을 짜야 하는 것처럼 포트폴리오도 위험을 상쇄할 수 있도록 구성하는 것이 필요하다.

제8강

꾸준한 매매관리가
성공투자를 완성한다

계란을 나눠 담는
자산관리와 포트폴리오 구성

'계란을 한 바구니에 담지 말라'는 말은 우리가 주식 투자를 하게 되면서 가장 흔하게 듣는 투자 격언이다. 계란을 한 바구니에 담았다가는 바구니를 엎어버리면 쫄쫄 굶어야 한다. 반면에 여러 바구니에 나눠 담으면 한 바구니에 담을 때보다는 번거롭고 비용이 더 들 수도 있지만 최소한 바구니 한두 개를 엎어버려도 배는 곯지 않을 수 있다.

수익추구보다 중요한 위험관리, 위험을 분산시키자!

주식 투자는 많은 수익을 기대하는 것도 중요하지만 자신의 자산이 쪼그라들게 되는 경우를 방지하는 쪽에 더 큰 비중을 두는 것이 바람직하다. 증시를 분석하고 종목선정을 잘하는 것도 중요하지만 투자손실에 대한 위험을 잘 회피하는 위험관리가 더욱 중요하다.

그래서 위험한 상황이 발생할 경우를 대비해 피해를 최소화하는 투자전략을 세워야 하는데 이러한 전략가운데 대표적인 것이 분산투자이며 분산투자는 흔히 '포트폴리오'라 부르는 투자목록에 의해서 이루어지게 된다.

포트폴리오는 분산투자의 기본

전문가들이 포트폴리오 구성이 어떻고 하는 내용의 기사나 자료를 접할 수 있는데 분산투자를 위해 여러 종목을 잘 조합해서 구성하는 것이 바로 포트폴리오다.

포트폴리오란 사전적 의미로는 '서류가방' 또는 '자료수집철'을 뜻하지만, 금융 쪽에서는 여러 자산에 나누어서 투자한다는 것을 의미한다. 주식 투자의 경우 한 종목에 투자하지 않고 여러 종목에 나누어 투자하는 것을 포트폴리오투자라고 하고 그 구성종목을 간단하게 포트폴리오라고도 한다.

여러 종목에 분산 투자하는 포트폴리오를 구성해서 투자할 경우, 한 종목에 올인하는 '몰빵투자'했을 때보다 수익률은 낮을 수도 있지만 최소한 잘못되었을 경우 돌이킬 수 없는 실패를 하게 되는 상황은 방지할 수 있다. 많은 수익을 내겠다고 하다가 손실을 보게 될 경우는 다음의 기회를 기대해볼 수조차 없게 된다는 것을 잊어서는 안 된다. 주식 투자는 항상 많은 수익을 내기 위해 덤비기보다는 손실을 최소화할 수 있는 보수적이고 수비적인 투자자세가 필요하다.

분산투자는 단순히 투자종목을 분산한다는 차원이 아니라 위험을 분산해서 계란바구니를 엎었을 경우 모든 계란을 깨뜨리는 우를 범하지 않도록 한다. 물론 투자관련 기관은 전문가들에 의해서 수많은 정보와 자료를 토대로 전문적이고 복잡한 위험분산 전략이나 포트폴리오 구성을 하지만 기본적인 원리는 큰 차이가 없다.

자산을 지키고 더욱 불려나가기 위해서는 단순히 어떤 종목에 투자한다는 개념에서 벗어나서 위험관리와 포트폴리오를 통해서 나만의 펀드를 운영한다는 차원으로 발전시키는 발상의 전환이 필요하다.

나만의 포트폴리오를 구성해보자! – 사례 1

주식 투자자인 A, B, C 세 사람은 나름대로 자신의 투자전략을 세워서 포트폴리오를 구성했다. 여러분은 이들 중에서 어떤 사람의 포트폴리오 구성전략에 투자할 것인가? 그리고 그 이유는 무엇이고, 무엇을 보완해야 할까?

구분	포트폴리오 구성전략	투자여부	이유/보완점
A씨	최근 전자산업의 활성화로 수혜를 보고 있는 부품업체인 T전자에 자신의 투자자금을 모두 투자	Yes( ), No( )	
B씨	조선업계 활황으로 관련 종목들이 상승하자 조선업 관련주에 투자함. 나름대로 위험을 분산하기 위해 S중공업, W조선 등 5개의 조선주 종목에 나누어 투자	Yes( ), No( )	
C씨	업종대표주를 선정해서 내수업종인 D식품, 전자업종인 S전자, 석유화학업종인 L석유화학, 자동차업종인 H자동차, 인터넷게임회사 N사에 분산해서 투자	Yes( ), No( )	

세 사람이 서로 다른 스타일로 포트폴리오를 구성해서 투자했다. 그렇다면 그 결과는 어떨까?

1) A씨가 투자한 T전자는 한때 주가가 상승했지만 주요 거래처였던 S전자에 납품 재계약이 무산되면서 주가가 곤두박질하기 시작했다. 설상가상으로 회사경영진의 횡령혐의가 드러나면서 이 회사의 주가는 연일 하한가를 기록해서 A씨는 돌이킬 수 없는 큰 손실을 보고 말았다.

2) B씨가 투자한 5종목의 조선관련주는 조선업활황으로 한동안 종목별로 앞서거니 뒤서거니 하면서 수익이 났다. 하지만 주요 발주처인 유럽의 경제위기와 조선업의 불황이 닥치면서 조선업 종목들의 주가가 하락세를 면치 못하고 적지 않은 손실을 보게 되었다.

3) C씨의 경우 미국과 유럽의 경기불황으로 수출이 감소하면서 S전자와 H자동차에서 손실을 보았다. 그렇지만 내수업종인 D식품과 석유화학업종인 L석유화학의 주가가 안정적으로 선방을 해주는 덕택에 손실을 상쇄할 수 있었다. 거기에 새로운 게임을 출시한 N사가 방학특수를 누리면서 주가가 급등해서 전체적으로는 오히려 짭짤한 수익을 거두었다.

세 사람의 포트폴리오에 대한 평가를 세부적으로 해보면 아래와 같은 분석이 가능하다.

A씨는 말 그대로 한 종목에 올인하는 몰빵투자에 나섰다가 큰 위험에 노출되어 투자자금을 거의 잃고 말았다. 개인투자자들이 범하는 전형적인 위험관리 없는 묻지마 투자행태다.

B씨는 분명히 위험을 회피한다고 분산투자를 했는데도 실패했다. 도대체 무엇이 잘못된 것일까? 분산투자의 진정한 의미를 모른 채 단순히 여러 종목으로 나누기만 하면 분산투자인 것으로 착각했다. 조선업이라는 한 업종에만 편중된 포트폴리오, 즉 종목구성을 잘못한 것이다.

C씨는 단순히 여러 종목으로 분산하는 것이 아니라 업종을 다양화시켜서 서로 위험을 상쇄하고 보완을 해 줄 수 있도록 종목을 구성했다. 그 결과 종목들 간에 서로 손익은 엇갈렸지만 전체적으로는 안정적인 자산운용형태를 보였다.

포트폴리오를 구성할 때는 영양이 골고루 갖춰진 식단을 짜는 것과 같은 안목으로 종목을 선정해야만 한다. 고기와 야채, 곡류 등 고른 영양소를 섭취할 수 있는 식단을 짜야 하는 것처럼 포트폴리오도 위험을 상쇄할 수 있도록 구성하는 것이 필요하다.

02

매매일지를 작성해서
성패의 원인을 분석하라

　많은 개인투자자가 주식 투자에 실패하는 이유 중의 하나는 체계적인 자기 관리가 제대로 안 되기 때문이다. 주가가 상승하면 지금 안 사면 못 살 것 같은 초조함에 자신의 원칙과는 상관없이 매수를 해버리고, 반대로 조금만 하락하면 금방 폭락할 것 같은 불안감에 참지 못하고 매도를 해버리는 경우가 많다.

　이럴 때는 매매일지를 쓰면 충동적인 매매를 자제하게 되므로 그 어떤 분석보다 자신을 관리하는데 좋은 방법이 된다. 자신이 어떤 종목을 언제, 왜 매수·매도했는지 일지를 적도록 한다. 매매일지를 작성해서 자신의 투자행위를 철저하게 관리하는 것이다.

매매일지 사례

매매일지 예제

종목	C전자		첨부		챠트
	구분	일시	단가	수량	거래대금
	매수	2021.01.07	50,000	100	5,000,000
매매	매도	2021.02.17	45,000	100	4,500,000
손익	거래손익		수수료(세금포함)		순손익
	−500,000		13,350		−513,350
종목선택/ 매수사유	외국인이 계속 매수해서 지분율을 높여가고 있으며 미국최대 전자회사와 부품수출계약이 체결되었다는 공시가 올라와서 향후 성장가능성이 높은 것으로 판단됨. 회사 내부적으로도 자금사정이 좋아서 배당을 할 것으로 예상되어 중장기적으로 보유할 경우 주가상승과 배당수익이 예상				
매도사유	매수 후에 미국 반도체실적이 안 좋을 것이라는 예상이 나와서 대부분의 전자업종 주가가 하락하였고 C전자도 그 영향으로 주가가 하락함. 그리고 우리나라 경제성장률이 예상치보다 안 좋다는 뉴스를 보고서 주가가 더 하락할 것 같아서 팔아 버림				
수익/ 손실사유	C전자의 주식은 팔고 난 뒤에 다시 상승해서 5만 원을 금새 회복함. 또한 경제불황 여파로 증시전체는 주춤거렸지만 C전자는 이후에 9만 원까지 상승함 일시적인 하락을 참지 못하고 뉴스와 본인의 주관적인 판단으로 매도를 한 것이 손실의 원인이 됨. 수익의 기회를 날려버리고 오히려 손실				
교훈/반성	종목을 선정하는 투자원칙과 매수·매도하는 기준을 정하고 그에 따라서 자신의 투자원칙을 지켜야 하는데, 단기적인 주가의 등락과 외부뉴스에 마음이 흔들려서 임의로 거래를 한 것이 손실의 원인 투자원칙을 지키자! 일희일비하면서 주가등락에 너무 연연하지 말자!				

이 사례에서 보면 자신의 투자원칙을 지키지 못하고 마음이 흔들리는 바람에 수익을 낼 수 있었던 종목에서 오히려 손해를 보고 말았다는 것을 알 수 있다. 이처럼 매매일지를 작성하면 자신의 분석이 잘못되어서 손해를 본 것인지 아니면 투자원칙을 어기고 마음이 흔들려서 뇌동매매를 해서 손해를 본 것인지를 파악할 수 있다. 이런 식으로 매매일지를 적어서 무엇이 문제인지를 파악해서 같은 실수를 반복하지 않도록 하는 것이 중요하다.

매매일지 양식에는 매매한 종목, 거래 일시, 단가, 수량, 거래손익, 순손익 등 세세한 내역을 모두 기록했다. 여기에 차트그림을 첨부하는 등 필요한 내용을 추가해서 자신의 입맛에 맞게 사용할 수 있다.

이런 노력을 하지 않으면 한때의 성공은 있을지 몰라도 궁극적인 성공을 이룰 수 없다는 것을 명심 또 명심해야 한다. 자신의 잘못된 점을 반성하고 고치는 노력을 하지 않은 채 대박만 바라면 깡통으로 가는 시간만 빨라질 뿐이다.

03

수익이 날 때도 있는데
왜 항상 누적 손실일까?

앞서 매매일지를 작성하는 것을 알아보았다. 매매일지를 통해서 개별매매에 대한 분석이 가능했다. 이번에는 매매손익을 통계 내서 손익구조를 분석해봄으로써 본인의 문제가 무엇인지 확인하는 방법을 알아보자.

벌기도 많이 버는 것 같은데 계좌는 왜 손실일까? 매일매일의 손익을 기록해서 분석하면 손익의 문제점이 파악된다.

매매일지의 손익과 승률을 기록해서 1년 정도의 데이터가 쌓이면 본인의 문제점이 무엇인지 적나라하게 드러나게 된다. 매매손익표는 엑셀로 자동계산이 되도록 만든 양식으로 작성한 사례다.

너무 잦은 매매로 수수료 부담이 너무 커서 계좌가 마이너스인 A씨 사례

A씨는 평소 거래승률이 70%에 넘을 만큼 시장에 대한 분석도 좋고 종목선정도 탁월해서 꾸준한 수익을 내고 있다. 손실 날 때는 손절매를 통해 큰 손실을 보지 않을 정도로 자기관리도 잘하고 있다. 그런데도 계좌는 큰 손실 중이다.

도대체 무엇이 문제일까? A씨는 한 달에도 수십 번이 넘는 거래를 하기 때문에 수수료 부담(세금 포함)이 큰 것이 결정적인 문제이다. 수수료가 수익금액보다도 훨씬 많아서 배보다 배꼽이 더 크니 당연히 계좌에 손실이 날 수밖에 없는 것이다.

A씨는 매매횟수를 줄여야 한다는 것을 손익분석표를 통해서 알 수 있다.

손익분석표1 - 잦은 매매를 하는 A씨

기간	매매	승	패	승률	매매손익		수수료	순손익
					수익	손실		
1월	22	15	7	68%	1,502,000		2,503,450	−1,001,450
2월	52	33	19	63%		−1,310,000	5,762,300	−7,072,300
3월	20	12	8	60%	3,100,000		1,700,500	1,399,500
4월	30	22	8	73%		−1,120,000	3,310,000	−4,430,000
5월	16	10	6	63%	4,320,000		2,906,000	1,414,000
6월	17	11	6	65%	3,420,000		2,300,000	1,120,000
7월	21	13	8	62%	370,000		2,275,600	−1,905,600
8월	17	10	7	59%		−1,902,000	1,364,210	−3,266,210
9월	27	19	8	70%	3,450,200		2,983,210	466,990
10월	24	22	2	92%	8,902,000		3,112,010	5,789,990
11월	20	15	5	75%	7,502,000		2,100,000	5,402,000
12월	17	11	6	65%	3,102,000		2,840,500	261,500
소계	283	193	90	68%	35,668,200	−4,332,000	33,157,780	−1,821,580

이익실현 폭은 작고 손절 폭은 크게 하는 B씨 사례

B씨는 앞서 A씨에 비해 매매횟수가 적어 수수료 부담도 적고 승률은 60%나 되는데도 계좌가 손실 난 상태이다.

도대체 무엇이 문제일까? B씨는 이익이 나기 시작하면 참지 못하고 조금만 수익이 나도 이익실현을 해버리는 반면, 손실이 나면 바로 손절매를 하지 않고 손실 폭을 키우다가 큰 손실을 보고서야 손절매를 한다.

그러다 보니 B씨는 항상 수익은 찔끔, 손실은 눈덩이가 반복되어 결국 큰 손실이 누적된 것이다. 수익이 날 때는 느긋하게 불어나는 수익의 열매를 크게 즐기고, 손실이 날 때는 일단 손절매를 하고서 뭐가 문제인지 분석을 해야 한다. 그리고 나서 새로운 기회를 찾는 매매습관으로 바꾸는 노력을 해야 한다.

손익분석표2 – 작은 이익, 큰 손절의 B씨

기간	매매	승	패	승률	매매손익		수수료	순손익
					수익	손실		
1월	3	2	1	67%	680,000		320,000	360,000
2월	3	3	0	100%	210,000		273,000	−63,000
3월	2	1	1	50%	890,000		172,000	718,000
4월	2	0	2	0%		−5,600,000	212,000	−5,812,000
5월	3	2	1	67%	712,000		382,000	330,000
6월	2	1	1	50%		−6,201,100	202,000	−6,403,100
7월	2	2	0	100%	1,921,000		172,000	1,749,000
8월	3	2	1	67%	112,000		292,000	−180,000
9월	2	1	1	50%		−4,280,000	112,000	−4,392,000
10월	3	2	1	67%	132,000		134,200	−2,200
11월	3	2	1	67%	562,000		210,000	352,000
12월	2	1	1	50%		−7,232,200	56,000	−7,288,200
소계	30	19	11	63%	5,219,000	−23,313,300	2,537,200	−20,631,500

위의 사례에서 보듯이 매매의 손익표를 작성하고 분석하면 자신의 문제점을 파악할 수 있다. 집안의 가계부, 기업체의 회계장부를 잘 정리하고 분석하면 어느 곳에서 돈이 새어 나가는지 명확하게 보이므로 문제를 해결하고 위기에 대처할 수 있다. 하지만 가계부조차 정리하지 않는 집안이나 회계장부를 부실하게 정리하는 회사는 결국 파산에 이르게 된다.

주식 투자도 마찬가지이다. 자신의 매매에 대한 손익분석을 정리해야만 자신의 문제점을 파악하고 그에 맞는 대처를 할 수 있다.

주식 투자의 성공은 고수의 족집게 과외나 비법이 아니라 본인의 자기성찰과 매매원칙을 꾸준하게 지키고 실행하는 노력이 쌓여서 이루는 것이다. 나름대로 공부도 하고 연구해서 투자를 했는데도 수익은 고사하고 손실이 쌓인다면 매매일지와 손익분석표를 작성해서 자신의 문제점을 냉철하게 분석해보는 노력부터 해야 한다.

성공으로 가는 실마리는 외부에서 찾는 것이 아니라 자신의 꼬인 실타래부터 풀어나가는 것이다.

04

올바른 투자습관만이
살길이다

우리나라는 예전부터 돈 이야기를 노골적으로 하는 것이 금기시되어 왔다. 돈을 밝히면 천박하다느니 하는 욕을 먹기가 일쑤였지만 속으로는 누구나 돈에 대한 강한 갈망을 갖고 있다는 것을 부인하지는 못했다. 우리는 이처럼 돈에 관해서 다소 표리부동한 정서를 지니고 있었던 것이다.

이러다 보니 성장하면서는 돈을 관리하고 불리는 실물경제와 가계 생활에 대한 교육을 제대로 받지 못하고, 성인이 되어서 사회의 온갖 유혹에 휘둘려서 부모님에게 물려받은 재산을 탕진하거나 신용불량자가 되는 등 인생을 망치게 되는 일이 많다. 이런 극단적인 경우가 아니더라도 많은 사람들은 단순하게 열심히 일해서 돈을 벌기만 하면 모든 게 해결될 것이라는 지극히 단순하고 순진한 재테크 마인드로 살아간다.

예전처럼 은행금리가 높을 때는 이런 일이 가능했지만 지금처럼 고용 없는 성장으로 삶의 경쟁도 치열하고 치솟는 집값과 자녀 교육비 때문에 여윳돈을 만들기 힘든 상황에서 그런 방법으로는 재산을 불리거나 관리하기가 힘들다. 그러다 보니 적은 돈으로 큰 돈을 벌 수 있다는 그럴듯한 감언이설에 속아서 투기적인 투자를 일삼거나 사기꾼들의 농간에 피해를 당하기도 한다.

돈과 실물 경제에 대해서 제대로 이해하고 이를 거부감 없이 자연스럽게 어릴 때부터 익숙하게 만드는 교육의 필요성에 거부감을 가진 돈에 대한 이중적인 잣대 때문에 정작 중요한 투자와 개인의 자산관리에 관한 문외한을 양산한다.

국가가 지원하는 투자 자산관리 조기교육

미국에서는 어릴 때부터 주식, 펀드 등 투자에 대한 개념과 돈을 관리하고 위기관리를 하는 방법을 각종 교육기관을 통해서 배운다. 심지어는 증권사 광고에 어린이가 등장해서 부모에게 받은 용돈으로 주식 투자를 하는 내용이 등장하기도 한다.

금융 강국인 미국은 어릴 때부터 어린이들이 정부와 민간단체가 운영하는 다양한 교육 프로그램을 통해서 놀이를 통해서 재미있게 투자의 중요성과 자산관리에 대한 것을 자연스럽게 배우고 있다. 재무부 산하금융교육국의 주도 하에 전 국민적인 금융교육을 주관하고 있을 뿐만 아니라 수많은 경제 교육

단체와 기관 등이 학생과 교사를 대상으로 재무관리와 투자 등 금융에 관한 교육을 하고 교재 보급과 각종 교육 프로그램을 진행하고 있다. 이는 금융에 대한 올바른 이해가 개인의 풍요로운 삶은 물론 국가의 부를 위해서도 필수적이라는 인식 때문이다.

이렇게 성장한 미국의 어린이들은 청소년이 되면 더 자세한 재무관리와 투자를 체험하게 된다. 이러한 교육 과정을 통해서 투자와 자산관리에 눈을 뜨고 성인이 되어 직장에 들어가면 직장인 연금을 통해 주식 · 펀드에 투자를 하고 미래를 설계하는 것을 자연스러운 과정으로 여긴다. 어릴 때부터 금융교육을 받고 자란 미국인들은 성인이 되어서도 꾸준하게 재산관리에 대한 재교육에 참여를 하고 있다. 수시로 바뀌는 각종 세금 제도에 대한 이해, 가계 자산의 구성과 운용을 위한 방법, 새로운 투자 상품에 대한 이해와 위험 관리, 자녀들을 위한 상속 및 증여 등 실로 다양한 내용의 교육 프로그램에 적극적으로 참여하고 있다.

이러한 사회적인 분위기와 교육환경 덕에 앞에서 설명한 우리가 익히 알고 있는 세계적으로 유명한 투자의 대가들도 어릴 때부터 자연스럽게 실물경제와 투자에 대해서 눈을 뜬 셈이다. 이런 금융 조기교육으로 젊은 나이에 이미 자신의 투자 철학을 정립해서 세계적인 투자자가 나타나는 일은 이제 새삼스러운 일도 아니게 된 것이다.

투자와 자산관리에 대한 조기교육이 필요하다

우리나라도 최근에 금융교육의 필요성에 대한 인식이 확산되고 있다. 그러나 공교육기관에서는 투자와 재무관리에 대한 내용을 제대로 가르칠 인력이 부족한 실정이다. 한국개발연구원(KDI)의 자료에 의하면 초등학교에서 고등학교까지의 교과 과정 중에서 경제에 대한 시간은 1%도 넘지 못하고 있으며, 그 내용 역시 원론적인 경제이론에 대한 설명일뿐, 개인의 재무관리와 투자에 대한 내용은 전무한 것으로 나타났다.

그리고 금융당국과 증권사나 은행 등을 비롯한 금융기관이 주관하는 교육 프로그램은 양적으로는 발전을 했지만 그 내용면에서는 일회성 단발 교육으로 끝나는 경우가 대부분이어서 지속적이고 일관적인 교육 시스템이 부재한 실정이고 그나마 그 활용도 역시 낮은 실정이다.

이러다 보니 한편으로는 재테크 열풍을 타고서 성인들을 위한 많은 온·오프라인 사설강좌가 개설되고 있고 투자 정보 교환을 위한 인터넷 동호회 모임도 폭발적으로 증가하고 있다. 그러나 그 내용을 들여다보면 얄팍한 정보로 마치 큰 돈을 벌 수 있을 것 같은 환상을 심어주는 함량 미달이거나 대박 정보라면서 고액의 수강료(유료회원비 등)를 요구하는 경우가 많다. 또한 교묘하게 자신이나 관련 회사의 상품 홍보 내지는 주가 조작의 일환으로 분위기를 부추기는 사례들도 많고 이로 인한 피해자도 급증하고 있는 상황이다.

우리는 이제 돈에 대한 이중적인 잣대부터 바꾸는 것이 필요하다. 돈 자체가 문제가 아니라 돈 때문에 벌어지는 인간 군상의 추태가 문제인 것이다. 물이 위험하다고 물 가까이 가지도 못하게 하고 수영도 가르쳐주지 않는 것이 바람직한 자녀교육은 아니다. 물에 대한 공포를 없애고 자연스럽게 물과 친해져서 수영을 할 수 있는 능력을 키워주는 것이 바람직한 교육이다.

마찬가지로 돈에 대한 맹목적인 거부감을 가질 필요도 없고 막연한 환상을 가질 필요도 없다. 효율적으로 돈을 모아서 관리하고 합리적으로 돈을 불려서 그 돈으로 여유 있는 인생을 즐기고 또한 사회에도 보람 있고 가치 있는 일을 한다면 더할 나위 없이 좋은 일이 될 것이다.

자녀들이 어릴 때부터 스스로 돈을 관리하는 습관을 들이게 하는 것이 필요하다. 단지 필요할 때마다 돈을 주기만 해서 손을 벌리는 것이 습관이 되게 하면 자녀들의 미래와 인생을 망치는 일이 된다. 자녀를 진정으로 사랑한다면 돈을 줄 것이 아니라 돈을 제대로 관리하는 법을 가르쳐주도록 하자. 물론 내 스스로가 돈을 제대로 관리할 줄 모른다면 나부터 공부에 몰두해야 할 것이다.

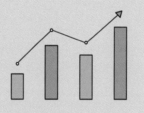

부동산/재테크/창업

장인석 지음 | 17,500원
348쪽 | 152×224mm

롱텀 부동산 투자 58가지

이 책은 현재의 내 자금 규모로, 어떤 위치의 부동산을 언제 살 것인가에 대한 탁월한 분석을 펼쳐 보여 준다. 월세탈출, 전세탈출, 무주택자탈출을 꿈꾸는, 건물주가 되고 싶고, 꼬박꼬박 월세 받으며 여유로운 노후를 보내고 싶은 사람들을 위한 확실한 부동산 투자 지침서가 되기에 충분하다. 이 책은 실질금리 마이너스 시대를 사는 부동산 실수요자, 투자자 모두에게 현실적인 투자 원칙을 수립할 수 있도록 해줄 뿐 아니라 실제 구매와 투자에 있어서도 참고할 정보가 많다.

나창근 지음 | 15,000원
302쪽 | 152×224mm

나의 꿈, 꼬마빌딩 건물주 되기

'조물주 위에 건물주'라는 유행어가 있듯이 건물주는 누구나 한 번은 품어보는 달콤한 꿈이다. 자금이 없으면 건물주는 영원한 꿈일까? 저자는 현재와 미래의 부동산 흐름을 읽을 줄 아는 안목과 자기 자금력에 맞춤한 전략, 꼬마빌딩을 관리할 줄 아는 노하우만 있으면 부족한 자금을 충분히 상쇄할 수 있다고 주장한다. 또한 액수별 투자전략과 빌딩 관리 노하우 그리고 건물주가 알아야 할 부동산지식을 알기 쉽게 설명한다.

박갑현 지음 | 14,500원
264쪽 | 152×224mm

월급쟁이들은 경매가 답이다
1,000만 원으로 시작해서 연금처럼 월급받는 투자 노하우

경매에 처음 도전하는 직장인의 눈높이에서 부동산 경매의 모든 것을 알기 쉽게 풀어낸다. 일상생활에서 부동산에 대한 감각을 기를 수 있는 방법에서부터 경매용어와 절차를 이해하기 쉽게 설명하며 각 과정에서 꼭 알아야 할 중요사항들을 살펴본다. 경매 종목 또한 주택, 업무용 부동산, 상가로 분류하여 각 종목별 장단점, '주택임대차보호법' 등 경매와 관련되어 파악하고 있어야 할 사항들도 꼼꼼하게 짚어준다.

초저금리 시대에도 꼬박꼬박 월세 나오는
수익형 부동산

나창근 지음 | 17,000원
332쪽 | 152×224mm

현재 (주)기림이엔씨 부설 리치부동산연구소 대표이사로 재직하고 있으며 [부동산TV], [MBN], [한국경제TV], [KBS] 등 방송에서 알기 쉬운 눈높이 설명으로 호평을 받은 저자는 부동산 트렌드의 변화와 흐름을 짚어주며 수익형 부동산의 종류별 특성과 투자노하우를 소개한다. 여유자금이 부족한 투자자도 전략적으로 투자할 수 있는 혜안을 얻을 수 있을 것이다.

주식/금융투자

북오션의 주식/금융 투자부문의 도서에서 독자들은 주식투자 입문부터 실전 전문투자, 암호화폐 등 최신의 투자흐름까지 폭넓게 선택할 수 있습니다.

주식투자
기본도 모르고 할 뻔했다

박병창 지음 | 19,000원
360쪽 | 172×235mm

코로나 19로 경기가 위축되는데도 불구하고 저금리 기조가 계속되자 시중에 풀린 돈이 주식시장으로 몰리고 있다. 때 아닌 활황을 맞은 주식시장에 너나없이 뛰어들고 있는데, 과연 이들은 기본은 알고 있는 것일까? '삼프로TV', '쏠쏠TV'의 박병창 트레이더는 '기본 원칙' 없이 시작하는 주식 투자는 결국 손실로 이어짐을 잘 알고 있기에 이 책을 써야만 했다.

하루 만에 수익 내는
데이트레이딩 3대 타법

유지윤 지음 | 25,000원
312쪽 | 172×235mm

주식 투자를 한다고 하면 다들 장기 투자나 가치 투자를 말하지만, 장기 투자와 다르게 단기 투자, 그중 데이트레이딩은 개인도 충분히 가능하다. 물론 쉽지는 않다. 꾸준한 노력과 연습이 있어야 한다. 하지만 가능하다는 것이 중요하고, 매일 수익을 낼 수 있다는 것이 중요하다. 그 방법을 이 책이 알려준다.

최기운 지음 | 18,000원
424쪽 | 172×245mm

10만원으로 시작하는 주식투자

4차산업혁명 시대를 선도하는 기업의 주식은 어떤 것들이 있을까? 이제 이 책을 통해 초보투자자들은 기본적이고 다양한 기술적 분석을 익히고 그것을 바탕으로 향후 성장 유망한 기업에 투자할 수 있는 밝은 눈을 가진 성공한 가치투자자가 될 수 있다. 조금 더 지름길로 가고 싶다면 저자가 친절하게 가이드 해준 몇몇 기업을 눈여겨보아도 좋다.

박병창 지음 | 18,000원
288쪽 | 172×235mm

현명한 당신의
주식투자 교과서

경력 23년차 트레이더이자 한때 스패큐라는 아이디로 주식투자 교육 전문가로 불리기도 한 저자는 "기본만으로 성공할 수 없지만, 기본 없이는 절대 성공할 수 없다"고 하며, 우리가 모르는 '기본'을 설명한다. 아마도 이 책을 보고 나면 '내가 이것도 몰랐다니' 하는 감탄사가 입에서 나올지도 모른다. 저자가 말해주는 세 가지 기본만 알면 어떤 상황에서도 주식투자를 할 수 있다.

최기운 지음 | 18,000원
300쪽 | 172×235mm

동학 개미
주식 열공

〈순매매 교차 투자법〉은 단순하다. 주가에 가장 큰 영향을 미치는 사람의 심리가 차트에 드러난 것을 보고 매매하기 때문이다. 머뭇거리는 개인 투자자와 냉철한 외국인 투자자의 순매매 동향이 교차하는 곳을 매매 시점으로 보고 판단하면 매우 높은 확률로 이익을 실현할 수 있다.

곽호열 지음 | 19,000원
244쪽 | 188×254mm

초보자를 실전 고수로 만드는
주가차트 완전정복

이 책은 주식 전문 블로그 〈달공이의 주식투자 노하우〉의 운영자 곽호열이 예리한 분석력과 세심한 코치로 입문하는 사람은 물론 중급자들이 놓치기 쉬운 기술적 분석을 다양하게 선보인다. 상승이 예상되는 관심 종목 분석과 차트를 통한 매수·매도 타이밍 포착, 수익과 손실에 따른 리스크 관리 및 대응방법 등 주식시장에서 이기는 노하우와 차트기술에 대해 안내한다.

유지윤 지음 | 18,000원
264쪽 | 172×235mm

누구나 주식투자로
3개월에 1000만원 벌 수 있다

주식시장에서 은근슬쩍 돈을 버는 사람들이 있다. '3개월에 1000만 원' 정도를 목표로 정하고, 자신만의 투자법을 착실히 지키는 사람들이다. 3개월에 1000만 원이면 웬만한 사람들 월급이다. 대박을 노리지 않고, 딱 3개월에 1000만 원만 목표로 삼고, 그것에 맞는 투자 원칙만 지키면 가능하다. 이렇게 1000만 원을 벌고 나서 다음 단계로 점프해도 늦지 않는다.

근투생 김민후(김달호) 지음
16,000원 | 224쪽
172×235mm

삼성전자 주식을 알면
주식 투자의 길이 보인다

인기 유튜브 '근투생'의 주린이를 위한 투자 노하우. 국내 최초로 삼성전자 주식을 입체분석한 책이다. 삼성전자 주식은 이른바 '국민주식'이 되었다. 매년 꾸준히 놀라운 이익을 내고 있으며, 변화가 적고 꾸준히 상승할 것이라는 예상이 있기에, 이 책에서는 삼성전자 주식을 모델로 초보 투자자가 알아야 할 거의 모든 것을 설명한다.

금융의정석 지음 | 16,000원
232쪽 | 152×224mm

슬기로운 금융생활

직장인이 부자가 될 방법은 월급을 가지고 효율적으로 소비하고, 알뜰히 저축해서, 가성비 높은 투자를 하는 것뿐이다. 그 기반이 되는 것이 금융 지식이다. 금융 지식을 전달함으로써 개설 8개월 만에 10만 구독자를 달성하고 지금도 아낌없이 자신의 노하우를 나누어주고 있는 크리에이터 '금융의정석'이 영상으로는 자세히 전달할 수 없었던 이야기들을 이 책에 담았다.

우영제 · 이상규 지음
23,500원 | 444쪽
152×224mm

자금조달계획서
완전정복

6·17 대책 이후 서울에서 주택을 구입하려는 사람이라면 (거의) 누구나 자금조달계획서를 작성해야 한다. 즉, 이 주택을 사는 돈이 어디서 났느냐를 입증해야 한다. 어떻게 생각하면 간단하고, 어떻게 생각하면 복잡한 문제다. 이 책은 이제 필수 문건이 된 자금조달계획서를 어떻게 작성해야 하는지, 증여나 상속 문제는 어떻게 해결해야 하는지를 시원하게 밝혀주는 가이드다.